周文化传承丛书

礼 俗 卷

总主编◎傅乃璋　　本卷主编◎李根旺

岐山周文化研究会　编

中国文史出版社

图书在版编目（CIP）数据

周文化传承丛书. 礼俗卷 / 傅乃璋总主编；李根旺
主编；岐山周文化研究会编. —北京：中国文史出版
社，2023.12

ISBN 978-7-5205-4369-9

Ⅰ.①周… Ⅱ.①傅… ②李… ③岐… Ⅲ.①周文化
（考古学）–研究 ②礼仪–研究–中国–周代 Ⅳ.
①K871.34 ②K892.9

中国国家版本馆CIP数据核字（2023）第 232945 号

责任编辑：王文运　赵姣娇

出版发行：中国文史出版社

社　　址：北京市海淀区西八里庄路69号　邮编：100142
电　　话：010-81136606　81136602　81136603（发行部）
传　　真：010-81136655
印　　装：陕西省岐山彩色印刷厂
经　　销：全国新华书店
开　　本：787mm×1092mm　1/16
总 印 张：109
总 字 数：1406千字
版　　次：2024年9月北京第 1 版
印　　次：2024年9月第 1 次印刷
总 定 价：360.00元（全八册）

《周文化传承丛书》编辑委员会

序

宫长为

习近平总书记指出："中华优秀传统文化是中华文明的智慧结晶和精华所在，是中华民族的根和魂，是我们在世界文化激荡中站稳脚跟的根基。"传承中华优秀传统文化，弘扬中华民族精神，推动中华优秀传统文化创造性转化、创新性发展，是增强文化自觉、坚定文化自信、培育和践行社会主义核心价值观、建设社会主义文化强国的必然要求，也是历史和时代发展的必然要求。因此，我们要特别重视挖掘中华五千年文明中的精华，弘扬中华优秀传统文化，要从根脉抓起。周文化是儒家文化的源泉，是中华优秀传统文化的主要根脉。

李学勤先生指出："研究周文化，要把目光集中到作为周人发祥地的岐山周原。在整个西周三百年间，岐周一直保持着政治上中心之一的地位，而且从当今的工作来说，探求周文化一定离不开岐周。"这为我们研究周文化指明了方向。岐山是一块物华天宝、人杰地灵的宝地。3000多年前，居住在豳地的周部族首领古公亶父，因受到戎狄部落侵扰，便率部众离开故土，渡过漆水、沮水，翻越梁山，迁徙到岐下周原。在这块钟灵毓秀的土地上，他们修建都邑、建邦立国，拉开了翦商崛起的序幕。历经王季、文王、武王数代人的共同努力，周人励精图治、自强不息，终于推翻了殷商王朝，建立了西周王朝。后继之君成王、康王在周公旦、召公奭、太公望等重臣的辅佐下，开创了我国历史上第一个治世——成康之治。与此同时，周人也创造出博大精深、泽被千秋的周文化。以周公旦为代表的统治者，总结并吸取了夏商两代灭亡的教训，在治国理政的实践中提出了"以德配天""敬德保民""明德慎罚"等德政思想，尤其是他们所创立的礼乐制度对后世产生了深远的影响。周文化是中华优秀传统文化的基石，是中国古代文明发展的高峰。在历史长河中，伏羲、女娲、神农三皇时期，是中华文明的奠基阶段，黄帝、颛顼、帝喾、尧、舜五帝时期是中华文明的开创阶段，而在夏商周三代，中华文明进入了长足发展的阶段，周文化已经显示出人类文明达到了一个前所未有的新高度。岐山作为周原的核心区域之一，文化底蕴深厚，周文化遗存极为丰富，这为我们研究周文化提供了珍贵的资料。

2015年至今，中国先秦史学会周公思想文化研究会在岐山县举办了五届周文化暨周公思想文化研讨会，我因此与岐山结下了不解之缘，也结识了一些岐山朋友。令我印象深刻的是：岐山作为一个文化大县，当地政府非常重视文化建设工作，有一批情系乡梓、热爱地方优秀传统文化的有识之士，每次去岐山，都能在文化建设方面看到新成果。将传承弘扬周文化与培育和践行社会主义核心价值观及乡风文明建设相结合，是岐山县在新时代精神文明建设、公民道德建设和文化建设工作方面的一大创举。2015年10月，全国首届周文化暨周公思想文化研讨会在岐山召开，时任岐山县政协主席傅乃璋先生带领县政协一班人，组织岐山学人历时4年，编撰出版了一套八卷本的《周文化丛书》，为当时的研讨会献上了一份厚重的贺礼。《周文化丛书》是岐山县在文化建设工作方面取得的丰硕成果之一，也是中国周文化研究最重要的成果之一，为传承弘扬周文化、宣传岐山作出了重要贡献。陈宗兴、李学勤、孟建国三位先生为丛书作序，予以高度评价。

近年来，受疫情影响，我去岐山的机会少了，但一直关注着岐山周文化研究和文化建设等方面工作。傅乃璋先生乡梓情深，热衷于周文化传承弘扬工作，退休后当选为岐山周文化研究会会长，继续发挥余热。他带领岐山周文化研究会同仁，深入贯彻岐山县第十八次党代会精神，切实落实岐山县委、县政府"做活周文化"战略部署，历时3年，数易其稿，精心编撰出一套由《勤廉卷》《德行卷》《诚信卷》《家风卷》《教育卷》《孝道卷》《礼俗卷》《人物卷》共八卷组成的《周文化传承丛书》，基本上涵盖社会主义核心价值观与公民道德建设的方方面面，成就显著。这套丛书与2015年出版的《周文化丛书》交相辉映、相得益彰，互为姊妹篇章。这套丛书以传承周文化、弘扬中华传统美德、培育和践行社会主义核心价值观、助推乡风文明建设为宗旨，将周文化思想理念、历史典故、伦理道德、传统美德、礼仪民俗、家风家训、名言警句、岐山教育、岐山名人、现代岐山人先进事迹等融为一体，具有较强的思想性、理论性和可读性，是一套传承和弘扬周文化，培育和践行社会主义核心价值观，推进精神文明建设、公民道德建设和乡风文明建设的文化精品。对传承和弘扬地方优秀传统文化、推进岐山县高质量发展具有重要的借鉴价值和现实意义。

　　《周文化传承丛书》出版在即，傅乃璋先生邀我为丛书作序，盛情难却，写下以上文字为序，是否妥当？敬请广大读者指正。希望这套丛书能得到广大读者朋友们的欢迎，也期盼大家多提宝贵意见，共同将中华优秀传统文化发扬光大，为增强文化自觉、坚定文化自信，建设社会主义文化强国作出更大贡献。

2023年12月于北京

　　（宫长为：中国先秦史学会会长、中国社会科学院中国历史研究院古代史研究所研究员）

目 录

序　宫长为 ⋯⋯⋯⋯⋯⋯⋯⋯⋯⋯⋯⋯⋯⋯⋯⋯⋯⋯⋯ 1

概述 ⋯⋯⋯⋯⋯⋯⋯⋯⋯⋯⋯⋯⋯⋯⋯⋯⋯⋯⋯⋯⋯⋯⋯ 1

第一章　礼俗文化的历史渊源 ⋯⋯⋯⋯⋯⋯⋯⋯⋯⋯⋯ 5

礼俗文化的渊源与演变 ⋯⋯⋯⋯⋯⋯⋯⋯⋯⋯⋯⋯ 7

周公制礼作乐 ⋯⋯⋯⋯⋯⋯⋯⋯⋯⋯⋯⋯⋯⋯⋯ 11

周文化与礼俗文化 ⋯⋯⋯⋯⋯⋯⋯⋯⋯⋯⋯⋯⋯ 17

典故与文物中的礼俗文化 ⋯⋯⋯⋯⋯⋯⋯⋯⋯⋯ 23

第二章　周代礼乐文化 ⋯⋯⋯⋯⋯⋯⋯⋯⋯⋯⋯⋯⋯ 33

礼制 ⋯⋯⋯⋯⋯⋯⋯⋯⋯⋯⋯⋯⋯⋯⋯⋯⋯⋯⋯ 35

礼典 ⋯⋯⋯⋯⋯⋯⋯⋯⋯⋯⋯⋯⋯⋯⋯⋯⋯⋯⋯ 42

礼器 ⋯⋯⋯⋯⋯⋯⋯⋯⋯⋯⋯⋯⋯⋯⋯⋯⋯⋯⋯ 43

礼治 ⋯⋯⋯⋯⋯⋯⋯⋯⋯⋯⋯⋯⋯⋯⋯⋯⋯⋯⋯ 46

乐舞 ⋯⋯⋯⋯⋯⋯⋯⋯⋯⋯⋯⋯⋯⋯⋯⋯⋯⋯⋯ 46

第三章　周礼的类别与典籍 ⋯⋯⋯⋯⋯⋯⋯⋯⋯⋯⋯ 49

吉礼——敬鬼神 ⋯⋯⋯⋯⋯⋯⋯⋯⋯⋯⋯⋯⋯⋯ 51

凶礼——哀邦国 ⋯⋯⋯⋯⋯⋯⋯⋯⋯⋯⋯⋯⋯⋯ 51

宾礼——待宾客 ⋯⋯⋯⋯⋯⋯⋯⋯⋯⋯⋯⋯⋯⋯ 52

军礼——摄不协 ⋯⋯⋯⋯⋯⋯⋯⋯⋯⋯⋯⋯⋯⋯ 52

嘉礼——亲万民 ・・・・・・・・・・・・・・・・・・・・・・・・・・・・・・ 53

礼仪文化典籍简介 ・・・・・・・・・・・・・・・・・・・・・・・・・ 54

第四章　礼俗的文化功能 ・・・・・・・・・・・・・・・・・・・ 57

弘扬礼俗传统 ・・・・・・・・・・・・・・・・・・・・・・・・・・・・ 59

提高自身修养 ・・・・・・・・・・・・・・・・・・・・・・・・・・・・ 61

完善个人形象 ・・・・・・・・・・・・・・・・・・・・・・・・・・・・ 62

改善人际关系 ・・・・・・・・・・・・・・・・・・・・・・・・・・・・ 63

塑造组织形象 ・・・・・・・・・・・・・・・・・・・・・・・・・・・・ 64

建设精神文明 ・・・・・・・・・・・・・・・・・・・・・・・・・・・・ 65

第五章　礼俗文化的演变与传承 ・・・・・・・・・・・・・ 67

生活礼俗 ・・・・・・・・・・・・・・・・・・・・・・・・・・・・・・・・ 69

饮食礼俗 ・・・・・・・・・・・・・・・・・・・・・・・・・・・・・・・・ 71

岐山民俗 ・・・・・・・・・・・・・・・・・・・・・・・・・・・・・・・・ 80

第六章　岐山节庆礼俗文化 ・・・・・・・・・・・・・・・・・ 111

春　节 ・・・・・・・・・・・・・・・・・・・・・・・・・・・・・・・・・・ 113

元宵节 ・・・・・・・・・・・・・・・・・・・・・・・・・・・・・・・・・・ 133

龙头节 ・・・・・・・・・・・・・・・・・・・・・・・・・・・・・・・・・・ 141

清明节 ・・・・・・・・・・・・・・・・・・・・・・・・・・・・・・・・・・ 144

端午节 ・・・・・・・・・・・・・・・・・・・・・・・・・・・・・・・・・・ 149

乞巧节 ・・・・・・・・・・・・・・・・・・・・・・・・・・・・・・・・・・ 155

中秋节 ・・・・・・・・・・・・・・・・・・・・・・・・・・・・・・・・・・ 160

重阳节 ・・・・・・・・・・・・・・・・・・・・・・・・・・・・・・・・・・ 167

寒衣节 ・・・・・・・・・・・・・・・・・・・・・・・・・・・・・・・・・・ 170

腊八节 ・・・・・・・・・・・・・・・・・・・・・・・・・・・・・・・・・・ 173

传承节庆文化，守好精神家园 ・・・・・・・・・・・・・・ 176

第七章　礼俗文化的岐山实践 ···················· 183

　　礼俗文化的当代价值 ······················ 185

　　创新性发展路径 ·························· 186

　　礼仪文化的地标工程 ······················ 189

　　创建"中国礼仪文化之乡" ·················· 193

　　周礼文化与社会主义核心价值观融合 ·········· 199

　　礼俗文化与非物质遗产保护 ·················· 205

　　研究队伍与成果 ·························· 206

参考文献 ································· 215

后记 ···································· 217

跋　傅乃璋 ····························· 218

概　述

中国自古以来就以"文明古国、礼仪之邦"而著称于世，几千年传承下来的礼仪习俗，内化于人们的自觉意识且贯穿于心理与行为活动之中，产生了博大精深的礼俗文化，成为研究古代文明的活化石，是中华传统文化的重要组成部分。《周礼·天官·大宰》载："六曰礼俗，以驭其民"，意思是用礼仪习俗来教化百姓。礼俗，指的是礼仪与习俗，包含了婚丧、嫁娶、祭祀、节庆、交际等各种场合的礼节和习俗。传统的礼俗内容有冠礼、生辰、婚姻、祭拜、座次、丧葬等。周原地区是中华文明的重要源头之一，也是礼俗文化的发祥地，这也造就了岐山县"周礼之乡"的美誉。

礼俗是人类社会发展到一定阶段的产物，是人类步入文明社会的里程碑，是人际交往的"通行证"。礼俗的发展与演变，既体现了人类社会不断摆脱愚昧、野蛮和落后走向文明的过程，又体现了整个社会的进步程度。它是一个国家、一个民族开化与兴旺发达的标志。确切些说，礼俗是以一定的程序、方式来表现自己、敬人的完整行为，反映了人们的道德风尚和精神面貌，是人类社会文明发展的产物。在当今时代，遵循"古为今用、推陈出新、取精弃糟、传承发展"的原则，按照"创造性转化、创新性发展"新的要求，加强礼俗文化学习研究，传承和弘扬优秀礼俗文化，对于提升自身修养、塑造良好形象、促进社会和谐、推进乡风文明建设，都具有极其重要的意义。

礼俗文化滥觞于原始社会晚期，在那个蒙昧的时代，产生了"万物有灵"的观念，出现了自然崇拜现象，先民们把"天""神"作为宇宙最高主宰，对之顶礼膜拜，这就产生了以祭天敬神为主要内容的礼俗。进入奴隶社会，"礼"打上了阶级的烙印，含义也有了新的变化。在周代，礼除了用于祭祀外，还作为治国之法。在历史长河中，礼俗文化随着时代的发展而不断丰富，经过数千年的发展、演变和更新，在今天与现代文明相结合，仍然发挥着重要的作用。编撰《礼俗卷》，旨从礼俗文化的历史渊源、周礼的形成、礼俗文化的功能、礼俗文化的演变与传承、岐山节庆礼俗文化、礼俗文化的岐山实践等诸方面探究，以求全面展示礼俗文化的渊源和背景、周文化与礼俗文化的关联，深刻揭示礼俗文化的功能、节庆礼俗及践行礼俗文化的意义等。

自古以来，西岐大地就弥漫着浓厚的礼俗文化韵味。在日常生活中，礼仪主要有祈福之礼、待客之礼、祝寿之礼、乡饮酒礼、伦常之礼等；习俗则有婚俗、生育俗、丧葬俗、节庆俗等。总之，礼俗文化形式多样、积淀深厚。传统节日及所承载的节庆文化是人的生命对生活赋予的愿望辅助行动的创造，是人类生活中各个族群普遍传承的重大显性文化现象。天人合一、崇礼尚仪、厚德仁爱、刚健有为等思想文化和民族精神都蕴含在节庆之中。岐山的节庆礼俗文化在岁月的长河中演进、发展，既多姿多彩，又独具特色。节庆礼俗浩繁，本卷用笔墨最多。西岐故地，遗址遗迹广布，为挖掘整合这些资源，彰显礼仪文化魅力，岐山县对周公庙、周太王陵、召公祠等进行保护性开发，打造了多处礼仪文化地标性工程。陕西旅游集团有限公司投资修建了集人文历史、旅游观光等为一体的周原景区。本卷对"岐山精神"的肇创，周礼文化在培育社会主义核心价值观中的作用，礼俗文化宣传与非物质遗产保护及对周文化和礼俗文化研究方面的机构、队伍、成果等予以介绍。

　　推进礼俗文化创造性转化、创新性发展，实现中华传统礼仪与现代礼仪高度融合，是构建中国式现代化的必由之路。积极传承礼俗文化，有助于综合国力的提升，促进社会和谐发展。当代传承礼俗文化，要坚持与时俱进，进行创造性转化，使其创新性发展，要坚持推陈出新、移风易俗，以适应现代社会价值可持续发展的要求，这也是摆在我们面前一项艰巨的文化任务。然其深邃的内涵、伟大的意义、重要的途径必须搞清楚、弄明白。只有这样，才能更好地继承和发展礼俗文化，让其在当今社会发挥更大更有效的作用。本卷"雕章琢句""命词遣意"，正是这个愿望，正是这个目的。

第一章　礼俗文化的历史渊源

礼俗，简而言之就是指礼仪、习俗、民俗。礼俗与地域、民族和经济基础等相适应，正所谓"十里不同风，百里不同俗"。不同的地域有不同的礼俗，不同的民族有不同的礼俗，不同的性质社会有不同的礼俗。礼俗起源于原始社会晚期的祭祀等活动之中，进入阶级社会后，逐渐成为统治阶级治理国家的重要手段。《周礼·天官·大宰》云："六曰礼俗，以驭其民。"意思是用礼仪习俗来治理国家，教化百姓。《诗经·小雅·楚茨》云："献酬交错，礼仪卒度。"意思是举动要合规矩，彬彬有礼；谈笑要有分寸，合乎时宜。《礼记·曲礼上》云："入竟（境）而问禁，入国而问俗，入门而问讳。"意思是进入别国国境要问清当地的禁忌，到了别国要问清当地的风俗，进了别人家要问清人家的忌讳。由此可见，在周代，礼俗具有治理国家、教化百姓、规范交际等社会功能。

我国传统乡土社会主要靠礼俗来维持运作，礼俗具有经国家、定社稷、序民人、利后嗣的重要作用，因此，我国传统社会是典型的礼俗社会。礼俗文化蕴含着劳动人民的生存经验和先贤的思想智慧，是劳动人民生存经验与先贤思想智慧融合的结晶，历经千百年的发展演变和实践检验，是中华民族独有的精神财富。

在中华传统礼俗文化之中，西岐礼俗文化独具特色，它是对周文化的传承和发展，是周礼文化的"活化石"，是西岐劳动人民智慧的结晶。

礼俗文化的渊源与演变

　　我国传统礼俗文化历经数千年的发展、演变，形成了一套规模宏大的礼仪规范和丰富多彩的风俗民俗体系，成为中华传统文化的重要组成部分。礼俗是随着国家文明的产生逐渐形成的，它是指人们在社会交往中由于受历史传统、地域差异、风俗习惯、宗教信仰、时代潮流等因素而形成，既为人们所认同，又为人们所遵守，是以建立和谐关系为目的的各种符合交往要求的行为准则和规范的总和。礼俗体现了人们的道德风尚和精神面貌，是人类精神文明的产物。我国传统礼俗源远流长，可以追溯到原始社会，那时就已孕育出礼俗的萌芽，历经夏、商、西周三个时期1000多年的发展，在东周时期逐渐趋于规范化、制度化。随着社会的发展、时代的进步，礼俗随之不断发展、演变，进而内化为中华民族的自觉意识并贯穿于心理与行为活动中，在这一历史过程中逐渐形成一种文化，这就是礼俗文化。

　　礼与俗是两个概念，礼起源于祭祀，俗源自于生活。俗先于礼，礼本于俗，两者同根同源，都源于原始社会先民们的生产生活之中，两者既有区别又存在密切的联系。礼与俗主要区别是：礼是自上而下的社会行为规范，最初起源于俗，随着阶级分化和文化分层，经过制度化、典章化和经典化后，逐渐从原始习俗中分离出来，是一种理想形态的精英文化；俗是民间自发形成的行为习惯，具有纷繁、复杂等特点，是一种自然形成的大众文化。在礼与俗互相调适的过程中，中华传统文化积淀形成了一种特有的社会复合形态，这就是礼俗。礼俗在我国古代社会治理方面发挥着重要作用，早在商代时，统治者就将礼俗作为社会治理的重要手段。

　　礼俗作为人类社会的重要组成部分，可以追溯到原始社会。在原始社会，先民们处在蒙昧时期，对许多自然现象无法做出合理解释，就把"天神"作为宇宙最高的主宰，对之顶礼膜拜，进行祭祀，这就产生了最早的以祭天、敬神为主要内容的"礼"。当时生产力水平极为低下，生活在同一片土地上的先民们为了生存下去，不得不相互协作，依靠集体的力量应对各种危机，他们经过长期反复习练、磨合，在生活中逐渐形成了固有的习惯，这就产生了最早的"俗"。先民们在日常生产生活中，经过日积月累形成了许多原始礼俗，并广泛运用于社会生活中。在五帝时期，史籍中就有了关于用礼俗管理社会的记载，颛顼时，推行"绝地天通"的祭祀制度改革，统治者通过垄断祭祀权，加强了对礼俗活动的掌控；据《大戴礼记·五帝德》所载：尧帝时，"伯夷主礼，龙、夔教舞，举舜、彭祖而任之，四时先民治之"；舜帝时，"羲和掌历，敬授民时""伯夷主礼，以节天下"。随着原始社会的解体，阶级社会的来临，夏商周时期，礼俗文化进入一个新的发展阶段。随着农业和手工业的发展，人们的民族意识和国家观念逐渐增强，礼俗打上了阶级的烙印，逐渐向国家化发展，统治阶级利用礼俗管理基层社会愈发普遍。

在我国礼俗文化发展史上，周人对礼俗文化的发展做出了重要贡献，周代是礼俗文化发展的重要阶段。周部族是渭河中游兴起的古老部落，古公亶父（周太王）担任周部族首领后，继承后稷、公刘之伟业，重视农业生产，使部落的经济迅速发展起来。古公亶父为了避开戎狄部落的侵扰，便率领族人从豳地（今陕西省旬邑县、彬州市一带）迁徙到渭河北岸的岐下周原，在那里修筑城池、建邦立国、设置五官、安居乐业，周部族经过周太王、王季、周文王三代百余年的努力奋斗，终于发展壮大起来。周文王末年，为东进伐商，周人迁都于丰（今陕西省长安区沣河一带），在此之前，周原一直是周国政治、经济、文化活动的中心。后来，周人迁都于丰、镐乃至建立洛邑，岐周仍为王畿之地，先周时期所建的先王宗庙未尝废弃，周王室祭祀祖先的大典仍旧要在这里举行。文献资料对这些记载汗牛充栋。《竹书纪年》云："周文王之年有凤集于岐山"；《国语》云："周之兴也，鸑鷟鸣于岐山"。《诗经·大雅·绵》中写道："古公亶父，率西水浒，至于岐下，爰及姜女，聿来胥宇。周原膴膴，堇荼如饴。爰始爰谋，爰契我龟，曰止曰时，筑室于兹。"《孟子·梁惠王下》载："太王居邠，狄人侵之，事之以皮币，不得免焉；事之以犬马，不得免焉；事之以珠玉，不得免焉。乃属耆老而告之曰：'狄人之所欲者，吾土地也'。吾闻之也：'君子不以其所养人者害人，二三子何患乎无君，我将去之。去邠逾梁山，邑于岐山之下居焉'。"《史记·周本纪》载："（古公亶父）乃与私遂去，度漆沮，逾梁山，止于岐下，邠人举国扶老携弱，尽复归古公于岐山下。及他旁国闻古公仁，亦爰归之。于是古公乃贬戎狄之俗，而营筑城郭室屋，而邑别居之。作五官有司。"这些文献记载了早周时期（相当于晚商时期）周族首领古公亶父在周原设置政治中心、大置宫室、设立属官的史实。作为周国政治、经济、文化活动中心的首都在岐山县京当、岐阳一带。周原是周人立国及其走向强盛的都城，是周人发展壮大的舞台。

从太王迁岐到武王伐纣100多年期间，中国社会正处在奴隶社会中期，殷商王朝贵族十分腐化堕落，特别是武乙以后，腐化更甚、国势日衰，到纣王时达到顶峰。商纣王专横跋扈，施行暴政，残害忠良，失去人心，商朝的官吏和贵族过着荒淫无度的腐朽生活，整天饮酒作乐，淫乱好色，打猎游玩，荒废耕地，万亩良田杂草长满，对于治下的奴隶，则使用各种残酷的刑罚，随意打骂，榨取财物，强迫做苦力或任意驱役、杀戮，甚至活埋。《尚书·商书·微子》云："小民方兴，相为敌仇"，奴隶和下层百姓起来造反，此起彼伏，方兴未艾，商汤国力已岌岌可危。以至于失去人心，众叛亲离。商纣王在周武王讨伐时登台自焚。

　　周代贤明君主从商汤灭亡的教训中，深刻认识到实行暴政带来的严重后果。因此，从建国初期就采取仁政治国策略：一是礼贤下士，仁慈爱人，长久争取人心。"笃仁、敬老、慈少、礼贤下者，日中不暇食以待士""士以此多归之"，连许多在殷王朝身居高官的人都纷纷叛纣归周。二是行善修德。文王自商纣羑里回到岐周，"乃与太公阴谋（秘密谋划）行善德，以倾商政。"三是见善即行。周文王曾"问于吕望曰'为天下若何？'"对曰："王国富民，霸国富士，仅存之国富大夫，亡道之国富仓府？……文王曰善！对曰：'宿善（赞赏某种善言却不尽快实行）不祥。'是曰也，发其仓府，以赈鳏寡孤独"（刘向《说苑·政理》）。孟子也曾热情介绍周文王的仁政善举说："昔者文王之治岐地，耕者九一，仁者世禄，关市讥（盘问）而不征，泽梁（在湖泊打鱼）王无禁，罪人不孥（不株连妻子儿女）。老而无妻曰鳏，老而无夫曰寡，老而无子曰独，幼而无父曰孤，此四者天下之穷民而无告者，文王发放施仁必斯四者。"实行宽大政策，扶助弱势群体，是仁政的本质体现。西周时期，礼除了用于祭祀外，还作为治国之本。周公摄政后，除实行分封制和制定一整套严格的封建宗法制度外，在先王礼乐文化的基础上制礼作乐，为巩固分封制和西周统治阶级已取得的权利和地位，从上层建筑和意识形态方面制定了一系列典章制度，这种具有等级性的各项制度的总和即称为"礼""礼乐"或者"礼仪"。周公制礼作乐后，礼的内涵发生了变化，形成了"君臣礼仪"和"宗庙礼仪"。与此同时，民风习俗也是周初统治者巩固统治的一种重要手段，为了使各诸侯国得以安定，以姜太公为代表的周初统治者大力提倡"因其俗，简其礼"，在尊重不同地区民风习俗的前提下，简化礼仪、入乡随俗，用这种方式治国理政，并取得了一定的成效。《尚书》《诗经》《周礼》《论语》等典籍中保存了周代大量的礼仪制度和民风习俗。这为中华礼俗文化的发展奠定了坚实的基础。

随着社会的发展，出现了"以礼化俗""以俗化礼"的现象，礼因俗而有所损益或调整，俗因有助于统治者巩固统治而被改造成为礼，两者之间互相交融，互相调和，有礼沉淀而为俗，也有俗提炼而成礼。从某种意义上来讲，礼俗是一个特定概念，而礼俗文化是理想形态的精英文化和自然生成的大众文化相结合的产物，其涵盖范围比较广泛，且包含了一定的政治特征。费孝通先生在《乡土中国》一书中将我国古代社会概括为"礼俗社会"是非常恰当的，因为它是一种维系传统基层社会秩序稳定的状态。从礼俗文化演变过程来看，礼俗从最初不成文习惯到后来人人都要遵守的行为规范，早已经渗透到我国古代社会的方方面面，成为一种重要的社会治理方式。

周公制礼作乐

周公，姬姓，名旦，周文王之子，周武王之弟。西周初期伟大的政治家、思想家、军事家、教育家、儒家学派的先驱和奠基人。被后世尊为"元圣"，与孔子并称为"周孔"。

周公制礼作乐是中华文明发展到一定阶段的必然产物，是我国古代社会早期政权组织和政治制度发展到成熟阶段的具体体现，是一件具有划时代意义的历史事件。礼乐文化孕育于原始社会氏族公社的祭祀活动中，在那个时期，敬畏天地山川和祖先崇拜现象普遍发生，祭祀活动在人们生活中占有重要地位，在祭祀过程中已形成了颇具影响的礼仪规范，并逐渐渗透于人们的生活当中，这标志着具有我国特色的礼制因素已经具备。新石器时代晚期，人们交往中的礼仪也已初步形成。炎黄二帝为中华人文初祖，在他们的时代礼仪逐渐丰富起来。颛顼时期，出于建立政治权威的需要，进行了一场"绝地天通"的宗教改革，其内容是垄断祭祀权，礼乐也逐渐盛行于统治集团内部。在此后的唐尧和虞舜二帝及夏、商时期是礼乐文化的重要发展阶段。礼乐文化自诞生以来历经上千年的发展，积淀深厚，到了西周时期已变得十分繁杂，良莠不齐。如何对礼乐文化进行改革，使之顺应当时社会发展的需要，更好地为统治阶级服务，以实现长治久安和江山永固，这是周初统治者亟待解决的重大问题之一。

周公制礼作乐是当时局势下一种必然的历史选择。西周建立一年后，周武王猝然病逝，西周政权失去了主心骨，继位的成王年幼不能理政。更重要的是新的政权组织尚未健全，一整套治国理政的制度尚未健全，东方广大地区商朝的势力依然存在，新生政权面临严重的危机。这时，周公挺身而出，摄政治国。王室宗亲管叔、蔡叔等不满周公摄政，联合武庚和徐、熊等东方部落发动叛乱，这对西周政权而言更是雪上加霜。周公以政治家的智慧和军事家的勇气迅速平定叛乱，稳定了局势，初步缓解了危机。但对于周公而言，这只是权宜之计，并非治本之策。要从根本上解决危机，巩固政权，就必须在吸取夏商施政得失的基础上，结合当时的时局形势，调和统治阶级内部矛盾，建立一整套符合实际情况的典章制度，以此来治国理政，以达到长治久安的目的。

周公制礼作乐本质上是对夏商的礼乐加以损益，使人更适合宗法封建等级制度，从而开创了礼乐文明的新局面。礼乐制度是以乐从属礼的思想政治制度，以"礼"来规范宗法远近等级秩序，以"乐"来调和共融"礼"的等级秩序，两者相辅相成。礼乐制度为礼和乐两个部分，礼的部分主要对人的身份进行划分和社会规范，最终形成森严的等级制度，乐的部分主要是基于礼的等级制度，运用音乐来缓解社会矛盾。周公制礼作乐几乎涵盖了整个国家的各个层面，如宗法制、分封制、嫡长子继承制、井田制等。王国维先生在《殷周制度论》中指出："其旨则在纳上下于道德，而合天子、诸侯、卿、大夫、士、庶民以成一道德之团体。"从而使礼乐制度成为"经国家，定社稷，序民人，利后嗣"

（《左传》）的大经大法。

周公制礼作乐的大致内容在《周官》《礼记》《大戴礼记》《小戴礼记》《管子》等书籍以及汉、唐、宋、明、清历代文人为这些书籍所做的注释，为我们了解礼乐文化提供了翔实的文史资料，国内周文化研究机构的成果，比较清晰地勾勒出了周礼的基本框架。

宗法制

宗法制是西周的基本社会制度。宗法制度的核心内容便是嫡长子继承制，这一制度是周公制定的，西周立国时，古公把君位传给幼子季历，文王把君位传给次子姬发而没有传给长子伯邑考，就说明西周初年还没有明确嫡长子继承制，周公为结束上层统治集团内部经常为争夺王位而造成的社会动荡，能让社会长治久安，他身体力行，摄政七年后还政成王，从此，嫡长子继承得到了确立。嫡长子继承制规定，祖上的基业世代由嫡长子继承。嫡长子所传下来的宗族系统就是大宗，拥有传宗继祖权利的嫡长子就是宗子或太子或世子，继承后就是宗主，是族人共同尊奉的对象，大宗的宗子在家族中享有最大的权利，即拥有世世代代统率的权利。周公定为"百世不迁之宗"。非嫡长子，即庶子所建立的宗族称为小宗，小宗是相对大宗而言。小宗的宗子，对本族五服以内的族人拥有统率的权利，五服以外，不再称为宗子，所以周公称小宗为"五世则迁之宗"。宗法制度是按照等级原则建立起来的一种宗族组织制度，在宗法制度下周王是大宗，诸侯为小宗。在诸侯国内，嫡长子继承的国君为大宗。

分封制

维护宗法制度的手段是分封制度，其办法就是周王将土地和人民分给诸侯，由诸侯在各地建立隶属王朝的地方政权，协助周王全面统治。

周王朝分封的对象有两种：一是对已存在的原有方国进行册封，以肯定各方国存在的合法性；二是周天子对周室子弟、同族、亲戚以及周族外各大功臣的分封。周王朝初期的分封有两次，第一次是灭商以后，武王的分封目的是迅速确立新兴王朝与各地区方国之间的关系，重建社会政治秩序，解决当时的政治事务。《左传·昭公二十八年》说："武王克商光有天下，其兄弟之国者十有五人，姬姓之国者四十人。"第二次分封是周公秉政后，用三年时间扫平海内，杀武庚，灭东方十七国，依靠军事力量击败了中原东部地区诸方国的叛乱。为了巩固胜利成果，周公进行了大规模分封。在分封过程中，周公又制定了爵位制度，即按照宗法制中众多庶子的长幼和小宗的近亲与旁亲关系，确定身份，分别赐予公、侯、伯、子、男五个不同的爵位，根据爵位分与土地。《周礼·地官·大司徒》记载："凡建邦国……诸公之地，封疆五百里……诸侯之地，封疆方四百里……诸伯之地，封疆方三百里……诸子之地，封疆方二百里……诸男之地，封疆方百里……"周公以后分封的诸侯大部分是文王、武王和周公的后裔。文王的后裔共封十六国，武王的后裔共分四国，周公的后裔共封六国。

"王制"与"立政"

"王制"一词，出现在《小戴礼记·王制》篇，是规定周王朝建国时的基本规则。郑玄在《三礼目录》中做了解释："名曰《王制》者，以记先王班爵、授禄、祭祀、养老之法度"，还涉及了职官、朝聘、巡狩、田猎、赋税、学校、选举、丧祭、刑法、道路、边裔等，具备了同王朝建立后的弘纲巨节，成为周朝国王行政的基本框架，在这些弘纲巨节中，文献中记载最详细、最系统的当属官制。《尚书》里有一篇《立政》记载着许多官，通过官名，就能知道那时周公是怎样组织政府机构的："文王、武王……立民长伯。立政：任人、准夫、牧，作三事；虎赉、缀衣、趣马、小尹、左右携仆、百司庶府；大都小伯、艺人、表臣百司、太史、尹伯，庶常吉士；司徒、司马、司空、亚、旅；夷、微、卢烝；三亳阪尹。"由此看出，周初的王制与立政秩序井然，严而无缝。

井田制

西周王朝建立以后，要发展农业生产，实行一套完整的赋税制，确保国家机器的正常运转，周公结合殷商时期和周先祖时期的贡赋制度而进行"井田制"。"井田制"即"方里而井，井九百亩，其中为公田。八家皆私百亩，同养公田。公事毕，然后敢治私事，所以别野人也"（《孟子·滕文公》）。这种新的生产资料占有形式和生活资料的分配方式，改变了"夏后氏五十而贡""殷人七十而助"而成为"周人百亩而彻"。即夏代每户耕种五十亩地要缴出一定的"贡"；商代每户耕种七十亩，以六百三十亩为一区，一区共同耕种，取产品九分之一上缴政府作为赋，互相耕种，称为"助"。而周人每户授田一百亩，以九百亩为一区，即井田，九家通力合作，一份归公，九份分给九家，所以叫"彻"（彻者通也，即通力合作之意）。极大地调动了周人的生产积极性，使物质财富不断增加，不仅使人民安居乐业，社会稳定，也为各种礼仪的产生奠定了基础。

兵制与刑制

古代开始兵、刑是不分的。正如《国语·鲁语》中所说："刑五而已，大刑用甲兵，其次用斧钺，中刑用刀、锯，其次用钻、笮，薄刑用鞭、扑，以威民也。故大刑者陈之原野，中刑置之市、朝。朝五刑三次。"甲、兵是战争的工具，也是斩杀俘虏的工具，所以执行的地点在原野，刀、锯以下是刑事，执行地点是市、朝。又例如《尚书·虞书·尧典》中说道：帝曰："陶，蛮夷猾夏，寇贼奸宄，汝作'士'，五服三就……""蛮夷猾夏"是国与国之间的战争，该用军事手段来解决，镇压对象是敌军；"寇贼奸宄"则是本国的内部叛乱，该用刑法作镇压。"五服三就"即五种刑法由"士"一人管理，在原野、市、朝三个地方分别执行。从尧舜到夏禹，社会分工越来越细，兵刑也在不断分化，发展成两个不同的管理部门。周太王迁到周原，即"设五官有司"。设司马管军事，设司寇管刑狱。周公摄政后，为了巩固新生政权，加强了军队建设，建立了一套全新的军事体制，这种体制和前文提到的官制中基层政权建设相适应。

礼 制

周公制礼的主要内容是礼制，即维护社会稳定的法律制度，除了制度而外，周公辅之以礼仪、礼节等其他手段作为维护周王朝统治的有效工具。周人以"君权神授""奉天承运"作为思想武器，用以动员民众，组织民众，增加西周王朝凝聚力。周王朝的发展壮大，自始至终充满着迷信色彩，文王出生"天降祥瑞"，武王东渡"鱼跃龙门"，经过周人的大肆渲染，使伐纣灭商的战争充满了正义感，并得到了各诸侯国与广大民众的大力支持。周国建立后，即以"敬天保民"作为一个重要的治国方略。通过祭天地、祭祖先、祭鬼神来稳定社会秩序，维护周王朝统治。从此规模大、范围广、规格高、频率密的各种祭祀活动开始了。其声势远远超过了前面任何朝代，远远超过了祭天地、祭祖先、祭鬼神的范畴，逐步渗透到社会各个方面。如军队出征、归来，结婚、安葬及婴儿出生，安宅定居，修建活动等，随着此项活动的开展，形成了类似于制度之类的程序，即固定的形式——礼仪、礼节。从而诞生了周礼中的冠礼、祭礼、军礼、婚礼、葬礼及重大的庆典活动。为了规范周王的言行，周公根据其行动的地点和职责制定了《朝贡礼》《丞尝礼》《禘于太庙礼》《王居明堂礼》，并针对不同内容，即"加冠、晋爵、婚丧、祭、射、乡、朝、聘"等不同活动的不同礼节。至于"乐",是为各种礼仪活动规定的不同乐曲,用以指导整个活动的节奏及其喜怒哀乐的情绪,进而达到教化民众,遵守规矩按程序办事的目的。

周礼文化的基本特征:一是勤政爱民;二是以德化民;三是慎刑护民;四是敬天保民。周公制礼作乐,意义是极其深远的,社会效果是不可估量的。礼乐文化的重要内容,归纳为敬天尊祖、孝亲贵老、尚贤重教、明德慎罚、和合仁爱等,后经儒家学派提炼概括,归纳为仁爱、民本、诚信、正义、和合、大同、厚德等方面,形成以"三纲"(君为臣纲、父为子纲、夫为妻纲)"五常"(仁、义、礼、智、信)为核心的儒家文化,并通过"四书"(《大学》《中庸》《论语》《孟子》)"五经"(《诗经》《易经》《尚书》《礼记》《春秋左传》)广泛传播,使儒家文化成为中华民族的主流文化。国学大师文怀沙明确指出:"周公肇制的礼乐文化是孔子思想学说的源头活水""周公确立了中国文化的基调"。

周文化与礼俗文化

文化是一种极其宽泛的概念,给它下一个严格和精确的定义是非常困难的事情。诸多哲学家、社会学家、人类学家、历史学家、语言学家等一直努力,试图从各自学科的角度来界定文化的概念。然而迄今没有获得一个公认的、令人满意的定义。笼统地讲,文化指人类社会历史实践过程中所创造的全部物质财富和精神财富(广义);指社会意识形态与之相应的制度和组织机构(狭义)。文化是一种历史现象,每个社会形态都有与之相应的文化。发祥于岐山的周文化,诠释也有多个版本。虽如此,它是有人们认可的确切之定义的。武王克商以前的周文化称先周文化,武王克商以后的周人,在继承先周文化的基础上,兼收并蓄商和其他民族的文化,形成我国历史上独树一帜的周文化,这一文化全面反映在西周社会的政治伦理道德中，它是中华民族文化的基石，是中国传统文化的源头之一，后经春秋战国诸子百家的继承创新和汉唐宋明经学理学的弘扬发展，形成了中华民族有精神气质和心态结构并成为具有长久生命力的文化体系。周文化涵盖了各种礼乐制度、道德规范、思想体系，成为中国封建统治的思想基础和政治基础，乃是孔子学说和儒家思想的最重要出处。周以后近3000年的中华文明史受其影响生生不息。

周文化既包括先周文化、西周文化，又含有东周文化。先周文化前文说过，是指武王克商以前周人的早期文化。最早可追溯到姜嫄、后稷时期，公刘在古豳地垦殖发展时期，直到古公亶父迁岐至周武王伐纣。周人在周原建造宫室、兴农练兵、笼络人才、积聚力量，为立周灭纣打下了雄厚的基础。这期间形成了系列初创文化，如敬天尊祖、仁德爱民、尚贤抚远、创业勤事等思想，基本规范于这一时期，这是周文化的奠基和初创期。西周文化是指从周武王兴周灭纣建立周王朝开始，到周平王从丰镐东迁洛阳，近300年时间。这是周文化的主要形成期，制礼作乐、宪章文武即在这一时期。这一时期国家统一、政治安定、经济发展，为文化的繁荣兴旺提供了条件，是周文化的辉煌鼎盛期，周文化的核心内容主要产生于这一时期，也是我们研究周文化的重点。东周文化是指从周平王东迁到东周灭亡，即春秋战国时期，大体上500年，这是周文化"礼崩乐坏"的时期。所谓"礼崩乐坏"，不是说礼乐灭亡了、消失了，而是百花齐放、百家争鸣、大浪淘沙、聚合演进。春秋时的几十个邦国，演变为战国后期的七个诸侯国，从诸子百家蜂起，到最后演进为儒、道、墨、法等几个主要学派。而其中最为突出的，还是继承了西周礼乐文化的儒家学派，经后世不断扩充完善，推崇提高，一直熠熠生辉。

儒家文化的源头是周文化，内核也是周文化，今天我们研究探讨周文化的主要目的也在这里。周文化的核心是"礼乐文化"。

"礼""乐"上面讲过，还需了解的是，礼是制度性的，而乐是自觉性的。把要求遵守和自觉遵守秩序规范相结合，把对行为规范的要求与对思想道德的要求相结合，把对社会管理者的要求与对管理对象的要求相结合，是周文化的一大创造，是周人对社会文明的一大贡献。同样是我们研究周文化的重点。

周人能以"蕞尔之邦"消灭"泱泱大国"殷王朝，建立一个延续了相当于欧洲中世纪一样漫长的具有800多年历史的周王朝，其根本原因在于周的贤哲们创造了一套具有长寿基因的周文化。

周文化的重要内容礼仪文化涉及的"德"，尤其要明白，有性格九德、伦理九德、民本九德，囊括了做人处世、理政为民、钱财义利、修身齐家等各个方面。其中民本五德，曰正德、和德、仁德、归德、教德。这些周礼文化的内容，是其价值观、世界观、人生观的集中表现，也正是我们今天应着重研究探讨、继承发展的主要内容。

发源于岐山的周文化，以人为本、以德治国、以礼立序、以乐致和（精髓），是中华民族独特魅力四射的精神文化谱系，使中华文明在世界四大文明中焕发出璀璨的光芒。文怀沙在《中华根与本》一书中说："自周人弃豳迁岐后，史称周原的岐山、扶风遂成为周文化的发祥地。"哲学泰斗张岱年1999年来岐山调研考察时题词："博大精深的周文化是中华民族文化的源头。"研究周文化，发掘周文化的丰富宝藏，对于建设和谐社会，实现人与人、人与社会、人与自然的和谐有着重要的现实意义。

中华优秀传统文化是历史的正能量，是中华民族生生不息的强大动力，也是当今时代必须传承和弘扬的。从社会管理者到老百姓，大家认定优秀传统思想文化具有真理性、正确性，有推动人向善与社会和谐稳定发展的巨大作用，这就是其永恒、持久的价值，也就是现代价值。广博深邃、历史悠久的周文化当如此。

论说周文化，不能不说《诗经》。《诗经》是中国最早的诗歌总集。它汇集了从西周初年到春秋中期500多年间的诗歌305篇。它在先秦叫《诗》，或者取诗的数目整数叫《诗三百》。本来只是一本诗集，从汉代起，儒家学者把《诗》当作经典，尊称为《诗经》，列入"五经"之中。它原来的文学性质就变成了同政治、道德等密切相连的教化人的教科书，也称"诗教"。《诗经》用了赋、比、兴的表现手法，其305篇诗分为风、雅、颂三部分。"风"的意思是土风、风谣，也就是各地方的民歌民谣。"风"包括了15个地方的民歌，即"十五国风"，共160篇。"雅"是正声雅乐，是正统的宫廷乐歌。"雅"分为"大雅"（用于隆重盛大宴会的典礼）和"小雅"（用于一般宴会的典礼），共105篇。"颂"是祭祀乐歌，用于宫廷宗庙祭祀祖先，祈祷和赞颂神明，共40篇。

《诗经》是中国现实主义文学的第一座里程碑。它真实反映了当时中国社会政治经济状况、统治者和民众的生活状况，描绘了当时社会生产图景、礼仪风俗等。既是我国现实主义文学的源头，又是我国现实主义文学的旗帜。它丰富的表现手法、言简意赅的语风、生动活泼的形式、强烈的现实主义精神，为后世诗歌创作奠定了丰厚的基础，对后世的文学发展产生了深远的影响，既从古代影响到现在，又从中国影响到世界。

《诗经》均为周诗，相传《诗经》中不少力作出自周公等周代圣贤之手。"这部千年名著的第一页是从岐山翻开的，基本骨架是周文王在岐山的官邸搭建而成的；《诗经》中的一些主人公是诞生或成长于岐山的圣贤；《诗经》中一些难懂的字词，是今天岐山人还在使用的方言"；"《诗经》动人心弦的开场锣鼓是在岐山敲响的"；"《诗经》中记述的不少大事件发生在岐山，在岐山完成庄重的奠基礼和开幕式，由此走遍周国，走向全球。"

据《宝鸡市志》载："《诗经》中136首诗与宝鸡有关，其中绝大多数与岐山关系最为密切。"

李沛生、杨慧敏在《〈诗经〉与岐山》一书中写道,《大雅》《小雅》《秦风》《豳风》《周颂》中一些诗作源于岐周民歌。公认《周颂》是《诗经》中最早的作品。岐山是周室肇基之地,至大至深的周文化源于岐山,而《诗经》文化是周文化不可分割的一部分。

周文化内容丰富,周礼文明蕴含礼仪文明,礼仪文明既是周代文明的重要组成部分,更是中国传统文明的重要组成部分,在长期的历史发展过程中,礼仪文明形成了一套宏大的礼仪思想和礼仪规范,进而内化为中华民族的自觉意识并贯穿于心理与行为活动之中。这个完整的伦理道德、生活行为规范构成了一种文化,即礼仪文化。而肇始于岐山的周代文化中所包含的各种礼乐制度和礼仪规范,成为中国数千年礼仪文化的根源,从而使岐山成为中国礼仪文化的发祥地和重要流传地。岐山称"周礼之乡"很大程度上是指礼仪文化诞生于此,广播于此。礼仪文化是周文化中一枝亮丽的奇葩,是周文化中不可或缺的部分。岐山礼仪文化的特征,是科学、准确、鲜明、响亮。中国民间文艺研究所所长王锦强先生对岐山作为中国礼仪文化之乡的定位是:中华历史文明记忆的凭据,当今中华建设的参考,未来中华文化发展的起点。岐山礼仪文化是人类文明发展进程中和中华文化建设中响当当的文化品牌。

孔子说:"君子敬而无失,与人恭而有礼。四海之内,皆兄弟也。"孟子也说:"尊敬之心,礼也。"我国礼仪经典《礼记·曲礼上》开宗明义第一句强调"毋不敬",礼仪的实质除了"敬"这一共性外,有其特定的方面,即平等待人,尊重别人,言行文雅,表里一致。中国古代礼俗包括三个方面:一是政治、经济等制度的规定;二是道德的核心、原则和规范;三是重要活动和日常生活中的礼节、仪式和习俗等。礼俗所涉及的范围几乎渗透于古代社会的各个方面,成为维系血缘纽带、协调人际关系和维护社会稳定的重要手段。正是由于中国古代礼俗渗透在社会生活的各个方面，于是在长期的历史发展中积淀成为中华民族的一种心理习惯和行为习惯。

礼俗文化具有民族性、地域性、传统性、阶级性和变异性等特征。礼貌、礼节、礼仪、习俗等具有符合现代社会的道德观、价值观，符合现代审美标准，符合现代生活节奏，符合现代国际惯例，符合现代社会发展要求等。论及礼俗文化，古代的相关情况我们不可忽略，即使原始社会也有"礼俗文化"，不过形式和内容与现在不同，奴隶社会更不用说。"礼""仪""俗"这些概念就是春秋时提出的。先秦时代，人们心目中礼、仪、俗的含义是有别的，事实上，在当时礼和仪也很难明确区分，其实他们的"礼"中含着一定成分的"仪"，而"俗"指风俗习惯。将"礼"和"仪"连用始于《诗经》，将"礼"与"俗"连用始于《周礼》。进入封建社会，礼俗逐渐成了统治阶级进行封建统治的工具，有些还以法律的形式固定下来，成为"礼制""仪制"，成为束缚人们行为的工具。辛亥革命推翻了封建帝制的同时，也结束了封建礼制，五四运动使中华民族开始新文化建设的征程。

随着无产阶级的觉醒，社会主义礼仪具备了雏形。无产阶级是历史上最先进、最革命的阶级，以解放全人类为己任，他们具有高尚的情操。为了处理其内部以及与其他劳动阶级的关系，完成共同的历史使命，更需要讲究文明礼貌，更要有自己的礼仪规范。

早在民主革命时期，中国共产党领导的人民军队区别于国民党部队的显著标志之一就是"三大纪律，八项注意"。其中的"说话要和气""买卖要公平""不打人骂人""不调戏妇女""不虐待俘虏"等，都是适应当时需要的纪律，也可视为公德、礼仪的组成部分。当时，在各解放区均形成了一种新型的人际关系和新的道德风尚。人心的向背，决定了共产党领导的新民主主义革命的胜利，当时的社会公德和风尚，实质上具有社会主义公德与礼仪规范雏形的性质，我们今天别具一格的、世人景仰赞扬的社会新风尚，正是在此"雏形"的基础上状大和发展起来的。

新中国成立后，随着社会制度的彻底变革，逐步地变私有制经济为公有制经济为主导的经济基础，人与人的关系出现了前所未有的变化，在人民内部，合作代替了对抗，互助、互利代替了尔虞我诈，建立起了真正平等的、亲密的同志关系，由此而建立起的礼仪规范，为世人所称赞。人们至今对那些良好的社会风俗留有深刻的印象。那时人际和社会交往的过程中，人们真正做到了只有分工不同，没有高低贵贱之分，诚挚相处，互谅互让；舍己救人，助人为乐蔚然成风，不少地方真正形成道不拾遗，夜不闭户；敬老、爱幼、尊贤的优良礼仪传统，得到充分的弘扬。一些外国友人对此惊叹不已。

改革开放以来，人们对传统礼俗重新进行了文化审视、理性思考，汲取了西方文明的优秀成果，使东西文化和东西方礼仪有机地交融，并对前人礼仪中封建的、落后的、不适应的内容予以舍弃，移风易俗，力求礼仪完美施行和健康发展。

以"和"为中心的"礼俗文化"建设和"构建和谐社会"的理念是不谋而合的，并构成和谐文化建设的重要内容之一。在新时代，传承礼俗文化，既要汲取中华传统文化中的精髓，顺应时代，移风易俗，又要探索创造性转化和创新性发展的路径。

典故与文物中的礼俗文化

历史曾经无比眷顾的西周故地，留下了众多的遗址遗存和礼俗文化的印痕，留下了众多的典故和传说。岐山的出土文物数量惊人、价值连城，其中的青铜礼器，是中国古代社会文明的重要标志，是东方特有文化的奇异花朵，也是世界史上独树一帜的瑰宝和光彩夺目的明珠。

寝门视膳

周文王当太子的时候，每天三次到父亲（季历）那里去问安。清晨，鸡叫头遍（大约在凌晨3点以后5点以前）周文王就穿好了衣服，来到了父亲的寝室外，问值班的侍从，父王一切是否安好，侍从回答一切平安，文王就满脸喜色。中午和傍晚也是如此，如果季历身体欠安，文王听说后，就满心忧虑，连走路都不能正常迈步，当季历的饮食恢复如初后，文王的精神才能恢复正常。

侍从给季历把饭端上来，文王一定要亲自察看饭菜的冷热。饭撒下去的时候，一定要问父亲吃了多少。同时交代掌厨的官员："吃剩下的饭菜不要再端上去。"听到对方回答"是"，文王才放心地离开。

武王做太子时，也以文王为榜样，不敢有丝毫懈怠。文王如果有病，武王就头不脱冠、衣不解带地昼夜侍奉。文王吃饭少武王也吃饭少；文王饭量增多，武王也就随之增多，直至文王康复。

这个典故也叫"问安视膳"，最早记载在《礼记·文王世子》里面。明万历年间，焦竑任皇长子侍读时，为劝导皇长子朱常洛，撰写了一部《养正图解》，"寝门视膳"是《养正图解》里的第一篇。

历史的长河绵延千里万里，先圣的伟大精神早已深入人心，文明礼仪的火炬一直被世人高高举起，一路前行。西周故地的人们，代代弘扬着礼仪文化的优良传统，用自己的善行义举上演着一幕幕感人的故事。

道德模范董彩霞，用柔弱的身躯支撑着一个有三位残疾兄弟的家庭。二十多个春秋，她辛勤操劳，用自己的温柔和善良，悉心照顾着六口人的吃喝拉撒、穿戴病痛，用行动书写着人间大爱，用担当撑起了一片蓝天。

道德模范现水玲，刚出生不久被现家抱养。爷爷去世早，大伯年轻时落下残疾，走路一瘸一拐，养父虽能干活，智力有些缺陷，三叔自小聋哑，全家里里外外就靠奶奶一人打理。就是这么个家，却让现水玲很小就明白了人生的道理。像她一般大的女孩还在玩耍时，缝缝补补、洗洗涮涮的活儿她已学会了。奶奶卧床不起后，十几岁的她便挑起了全家生活的担子，倔强的性格铸就了坚毅的意志。她管护着奶奶，喂吃喂喝，接屎接尿，照顾着养父三兄弟，还要干地里的活，样样安置到位，事事井井有条。2015年奶奶去世后，她把养父三兄弟照顾得更好。2017年结婚后，家庭压力更大了。她坚持起早贪黑，既与丈夫照顾几位老人，抚养孩子，又种了7亩花椒，还在外找了份工作，忙得不可开交。她的善心和深情演绎着不离不弃的爱的传奇。2021年11月，她荣获第八届全国道德模范提名奖，实至名归。这，无疑是神奇厚重的岐山沃土上盛开的礼仪之花。

泽及枯骨

周文王有一次野外出游，看见一具死人枯骨暴露在地面，就令随从官吏把这具枯骨妥善掩埋掉。

随行官吏说："这些都是没有人认领的枯骨，还管他们干什么?"文王说："管理天下的君王，就是整个天下的主人；治理一方的诸侯，就是他所管辖区域内的主人。这些枯骨在我管辖的区域内，我自然就是他们的主人了，我怎么能忍心看着这些枯骨暴露在光天化日之下，没人掩埋呢?"于是，他命令随行的官吏把枯骨掩埋了。人们听到这件事后都说："西伯的恩泽尚且能普及到枯骨，何况是活着的人呢?"所以天下百姓都来归附周文王。

这个故事记载在北宋刘恕的《资治通鉴外纪》和明代张居正的《帝鉴图说》两部书里，是周文王仁爱天下、泽及枯骨，天下人都归附他的著名典故。

"泽及枯骨"的含义是深刻的，效应是积极的。岐山同样的事情也是有口皆碑、有目共睹的。兹列举两例寓意相似的故事，彰显的素质和礼仪是品德和精神。看似"与己无关"，"动作"后却走上了成功之路。

一位经理要雇一个没带介绍信和任何资料的小伙子到他办公室做事，经理的朋友觉得奇怪。经理说："他带来的比介绍信和资料还重要。你看，他在进门之前先蹭掉脚上的泥土，进门后先脱帽，随手关上了门，这说明他很懂礼貌，做事很仔细；当看见来了一位残疾老人时，他立即起身让座，表明他心地善良，知道体贴别人；当我和他交谈时，发现他衣着整洁，头发梳得整整齐齐，指甲剪得干干净净，谈吐温文尔雅，思维十分敏捷；尤其是那本书，是我故意放在地上的，所有的应试者都不屑一顾，八成认为与己无关，只有他俯身捡起，放在桌上。怎么，你认为这些小节不比介绍信和资料重要吗？"

某市有个银行家，年轻时并不顺利，52次应聘均遭拒绝。第53次又来到那家最好的银行，礼貌地说完再见，转过身，低头向外走去。忽然，他看见地上有一枚大头针，横在离门口不远的地方。出出进进或许有不少人也看见了，但他们可能认为不妨大碍或与己无关，未予理会。可他深知大头针虽小，弄不好也会对人造成伤害，就弯腰把它捡了起来。第二天，他意外接到这家银行的录用通知书。原来，他捡大头针的举动被董事长看见了。从这个不经意的小动作中，董事长发现了他品格中闪光的东西，这样精细的人是很适合做银行工作的。于是，董事长改变主意，决定聘用他。他也因此得到了施展才华的机会，走上了成功之路。

虞芮息讼

商朝末年，在今天的山西省平陆县一带有个小侯国虞国。在虞国的西边，今陕西省大荔县、山西省芮城县一带，紧挨着一个小侯国芮国。虞国和芮国因为交界处一块归属未定的土地发生了争执，决定去岐山找周国国君姬昌评判。

虞、芮二君进入周国后，看到的是一片祥和景象。相互两块地里耕田的农夫总是推让田塍（田间的土埂、小堤）。这就是人们所讲的"耕者让其畔"。路上的年轻人因为走得急，不小心撞到了小孩子，一个急忙赔礼，一个连连摆手说没事。"路人相怜惜"的情景，使两位国君深受感动。街道上，行人男在左，女在右，到处是年轻人提着东西，搀扶老年人行走的情景。两位国君深感这种"男女有其别，斑白不提挈"的现象在自己的国家实在是太少了。

进入周国都城后，发现士让大夫，大夫让卿。傍晚留宿客栈，房门上竟然没有门闩。去问店主，店主说西岐从未发生过盗窃现象，夜里向来不用关门，所以门上都没有门闩。如果有人在路上丢了东西，也不会有人去捡拾，这就是"夜不闭户、路不拾遗"的景况。

虞、芮国君非常羞惭，认为自己所争执的，恰恰是周人认为耻辱的，再也不好意思去找国君评理，握手言和后，各自坐车回国了。同时，他们还"以所争之田，弃为闲田"。那块"闲田"在今山西省平陆县境内，"闲田春色"为平陆县八景之一。

如今，"虞芮息讼"的典故发生在岐山，岐山大地也一直吹拂着礼仪之风。陕汽一校教师岳圆在《弘扬周礼文化，做文明礼仪传承人》一文中讲述的事情，就令人感慨不已：

　　……还有一次，我们班上两个学生发生了口角，导致第二天两个妈妈在校园里大吵起来。我对她们说："两位家长，咱们到学校是来解决问题的，可却吵起来，这么多的师生看着，自己的孩子也在看着，你们是自家孩子最好的老师，你们的文明礼仪、言行举止直接影响和教育着孩子。这是不是有点……"我顿一下接着说："我能理解两位家长的心情，咱们都是做父母的，哪能不疼爱自己的孩子，也见不得孩子受一丁点委屈。但是，你们一来就吵在一起，首先吓坏了自己的孩子。咱们先让孩子回教室，再坐下慢慢说。"听我这么一说，两位家长也冷静下来，于是我跟她们讲了事情的原委，并告诉她们说："我平时经常教育孩子，要和同学友好相处，遇到问题不能张嘴就骂，抬手就打。""在人与人交往当中有矛盾很正常，但怎样做才是最好的要动动脑筋。我们家长更应该给孩子做这方面的榜样。不然，以后他们长大了，遇到问题就只会简单粗暴地处理，或者等家长出面解决，那个时候你们怎么办呢？"家长意识到自己是爱子心切了，才表现了言语不逊有失文明的现象。最后，我们非常顺利地解决了这件事。看，文明礼仪之花不仅盛开在校园，盛开在孩子的心田，而且花香飘出了校园，飘在家长心中，浸润着我们社会的和谐发展。

太伯让贤

古公亶父有三个儿子，长子名叫太伯，次子名叫仲雍，少子名叫季历。因为季历的儿子昌（后来的周文王）非常聪明，不同于正常人。因此古公亶父经常说："我们的周部族以后要兴旺起来，恐怕就在昌身上吧！"太伯、仲雍知道父亲想让季历继承君位以便传给昌的意图后，多次推让君位给三弟季历，季历均不接受。太伯为了遵从父亲的意愿，避免手足相争，便说服二弟仲雍，趁父亲生病之时，托言去山中采药，便离开了岐地。不久，古公亶父（周太王）病逝，太伯与仲雍回去奔丧时，季历与众臣要求太伯留下继位，太伯再次坚辞不肯，办完父亲的丧事又走了。

太伯推让天下的崇高德行，被后人敬仰称颂。孔子在《论语》中说道："太伯的德行真的太高了，他多次推让天下给弟弟，人民虽然没有得到他的贤惠统治，但却在称赞他。"司马迁在《史记》中也引用了孔子的话称赞太伯。太伯和仲雍忠诚无私，礼让为先的道德风范以及高尚品质，是周礼优秀文化的精髓之一。

地处岐山县蔡家坡镇的陕九学校教师李燕对文明礼仪在岐山的传扬深有感触，在其《爱我岐山，弘扬礼仪我先行》一文中写道：

岐山历史悠久、文化灿烂，我爱岐山，这种爱又源于对生活中一些美好细节的感受。一天早晨我路过礼乐广场时，一位晨练的中年妇女问我借手纸，想把她的宠物拉在人行道上的粪便收拾干净。我想天色还早并无人看见，她完全可以一走了之，但她却为自己的宠物"不拘小节"而尴尬，且深深地陷入自责当中，好像犯了大错一样。我为这位中年妇女的文明素养、社会公德和自律精神所感动。

是呵，岐山儿女文明礼仪无时不在，无处不在，无所不在。还有一次，在蔡家坡某菜市场，一位青年男子气喘吁吁地跑回来，向一位卖辣椒的菜农退回了多找的两元七角钱。男子一边退钱，一边道歉。其实这并不是他的错，而是菜农算错了账。当周围的人向这位男子投去赞许的目光时，我又一次被感动。还有很多存在于细微之处的感动，它充溢在我们周围，似春风，似雨露，似暖阳。正是这些美好的感动编织着、塑造着、树立着岐山形象。正如一颗颗美丽无瑕的珍珠，穿缀成一串串光彩照人的项链，映衬着岐山的文明礼仪形象，使我更加热爱岐山。

古迹文物中的礼俗文化

岐山境内丰厚的文物古迹，从不同侧面展现出周原昔日的辉煌历史，是周文化及礼仪文化发祥于岐山的有力佐证。

遗迹遗存，遍地都有。周原遗址、凤凰山遗址、周公庙、太王陵等遗址遗存500余处。其中，省级文物保护单位12处，全国重点文物保护单位5处。特别是周原遗址，占地面积约24平方公里，至西周末年一直是周王朝的政治、经济、文化中心。1976年，在遗址内的岐山县凤雏村发掘出了西周甲乙两组建筑基址，布局合理，规模宏大。

出土文物，数量惊人。岐山现馆藏文物25228件，等级文物近10000件，仅完整的西周青铜器就有500余件。青铜器中的礼器数量可观，型制精美。

中国青铜器约在公元前的新石器时代末期开始产生和形成，经过夏、商、周开创了一个灿烂辉煌的青铜器时代。尤其是西周，青铜制作达到了鼎盛时期。在中国古代社会中，它不仅反映了当时先进的生产力，也表现了劳动人民的伟大创造力和高超的思想智慧。它完全可以和古希腊、古罗马社会的高度文化媲美。它的面世，填补了世界古代史上的空白，为科学的国家学说提供了珍贵资料。

岐山县是中国的"青铜器之乡"。据《汉书·地理志》记载，早在西汉宣帝神爵四年（前58年）古周原就出土了西周青铜重器尸臣鼎。在此后的2000多年间，周原地区先后出土的青铜器不计其数。其中出土的伯克壶，最早见于宋人吕大临《考古图》卷四，云："得于岐山"。《宣和博古图》云：此器"高一尺五寸三分，口径四寸六分"。郭沫若所著《两周金文辞大系》有其图录。铭文11行、58字。郭沫若考证，作器人伯克，历仕夷王、厉王两世，器铸于夷王之时。大盂鼎，清道光年间出土于岐山县京当镇礼村沟岸，器高102厘米，重153.5千克，鼎内铸有铭文19行，共291字，被誉为晚清出土的"四大国宝"之一。大盂鼎又称廿三祀盂鼎，铭文记述的是周康王对贵族的训告和赏赐，具有较高的史料价值，现藏于国家博物馆。毛公鼎，清道光末年出土于京当镇董家村，内壁铸有铭文32行，共497字。其内容记载了周宣王告诫及赏赐大臣毛公的策命辞。毛公鼎是我国商周青铜器中铭文字数最多的一件，被誉为晚清出土的"四大国宝"之一。现藏于台北故宫博物院。新中国成立后，党和政府十分重视文物保护工作，在工程建设中发现和历史考古发掘中，大量商周青铜器相继出土，仅收藏在岐山博物馆和岐山县周原博物馆中的商周青铜器就达600余件（组）。京当镇董家村，位于古周原的腹地，地下蕴藏着极其丰富的商周文化积淀。1975年2月，在董家村窖藏出土的青铜器，是宝鸡地区新中国成立后出土的著名的三大青铜器窖藏（岐山董家窖藏、扶风庄白窖藏、眉县杨家村窖藏）之一。这个窖藏共出土西周青铜器37件。30件有铭文，百字以上的长篇记事铭文就有15件之多。铭文字数最多的是五祀卫鼎（207字），铭文总计2520字。铭文内容涉及当时的土地制度、法律诉讼、册命赏赐、历法纪年、官制人物、姻联徽记、周礼礼仪等方面。

中国古代的青铜器形态构思巧妙，纹饰富丽精致，既有很高的艺术欣赏价值，又有很高的科学研究价值。青铜礼器是古代礼器的一种，其品种繁多，工艺精美，是古代青铜器的典型代表。青铜器可分为六大类，即炊器、食器、酒器、水器、乐器和兵器。青铜礼器的应用既很广泛，又合礼仪规范。岐山之所以有那么多青铜器出世，与古代特别是西周大力推崇礼仪文化不无关联。

古周原礼俗之风劲吹，连村名都带有浓浓的"礼味"。岐山县京当镇的礼村，位于先周宫殿所在地凤雏村南侧，相传为先周乃至西周王室迎送各诸侯国使臣及贵族举行礼仪大典的地方，故名礼村。

礼村还有一传说，与前文提到的"虞芮息讼"故事有关。只是结尾有了"后世为了纪念他（指文王）的贤明之德政，便把虞芮两国国君所到的村庄起名礼村，即今仍然沿用的京当贺家村礼村”这样的文字。"礼村"的起名虽说法不同，但有一点是相同的，即均是"礼"的缘由。

今天，周原地区许多在民间盛行的礼仪习俗，基本上都渊薮于博大精深的周文化，是周原地区劳动人民智慧的结晶，是圣哲和先民们留给我们宝贵的精神财富。

第二章 周代礼乐文化

　　礼乐文化是人们在漫长的社会实践中逐步形成、演变和发展的。周代礼乐文化是周代圣贤在吸收夏商礼仪的基础上总结、提炼和升华的，内容包括礼仪和乐舞，礼就是各种礼节规范，乐就是音乐和舞蹈，礼乐文化是中华文明的结晶，是现代文明的重要组成部分。人类从降生那天起就开始了对文明的追求，亚当、夏娃用树叶遮身便是文明之举。人类从茹毛饮血到共享狩猎成果，从盲目迷信、敬畏鬼神到崇尚科学，论证无神，从战争到和平，都是在走向文明。文字发明后，人类更是运用语言文字来表达文明、宣传文明、建设文明。文明的体现宗旨是尊重，既是对人也是对己的尊重，这种尊重总是同一地域的人们的生活方式有机地、自然地、和谐地和毫不勉强地融合在一起，成为日常生活和工作中的行为规范。中华传统礼乐文化是人们内心文明的综合体现，除文明性外，它还具有时代性、多样性、变化性、传承性等特征。在今天，周代礼乐文化在促进社会和谐稳定方面仍具借鉴价值和现实意义。

礼　制

周代礼乐制度，分礼和乐两个部分。前面讲过，礼的部分主要对人的身份进行划分和社会规范，最终形成等级制度；乐的部分主要是基于礼的等级制度，运用音乐缓解社会矛盾。前者是所有制度的基础和前提，后者是制度运行的形式和保障。

宗　法

宗法，是古代规定一个家族成员权力的等级制度。宗法制度是古代氏族父系家长制的延续，萌芽于商周时期，成熟于西周、春秋时期，其核心是嫡长子继承制。即嫡长子对于上一代的权力、地位和财产具有合法的继承权，是为大宗；其他儿子在这些方面只能有低一个等级的继承权，是为小宗。周朝时的宗法制度主要存在于贵族内部，并且因当时的各级管理权是由贵族所掌控，因此，当时的宗法与国法是混淆在一起的。自秦开始，贵族统治模式的解体使得宗法制度与国家行政逐渐区分开来，退守到家族之内。基本上所有的宗族都制定了相应的族规，一个宗族的族长通过祠堂集神权与族权于一身，并通过族规对族人拥有统率、处置和庇护之权，并且国家法律也承认这种权利。事实上，由于古代政府均是一种小政府，其权力体系只下延到县一级，因此县以下的秩序维持很大程度上便是依靠宗法秩序的自我维持。尤其宋明以后，宗族制得到统治阶级的更大支持，族权布满农村社会的众多宗族，成于仅次于政权的权力体系。

五　礼

五礼，即吉礼、凶礼、军礼、宾礼、嘉礼，其最早记载于《周礼》。五礼在西周形成之后，到春秋战国时曾一度遭到破坏。孔子创立的儒家学派对周代礼制进行了继承和发扬，汉代时，儒士叔孙通以五礼为参考设计的礼仪被汉高祖采纳为宫廷礼仪，自此，五礼成为后世历代帝王乃至民间礼仪的基本骨架，为后世国家统治的稳定和社会有序的运转提供了保障。五礼在后世历代都有所发展，其所涉及的范围不断扩大，内容日渐增多。以宋为例，各类吉礼已达43种，嘉礼27种，宾礼24种，军礼6种，凶礼12种，共有112种（关于"五礼"在第二章第二节中有详细论述）。这些礼仪有形或无形地存在于国家政治和人们日常生活的各个方面，并深入人心，每个人都自觉不自觉地以其为行为规范，中国被称为礼仪之邦，正源于此。

斋　戒

中国古人的斋戒在佛教传入中国之前就已经存在，是参加祭祀前所做的一些清洁身心的准备，所谓斋，指的是主动意义上的沐浴更衣、凝聚神思；戒，则是防范意义上的杜绝欲望和欢娱，如禁止饮酒食辛、性行为以及各种娱乐活动等。中国早期有"三日斋、七日戒"的规定，其目的在于表示对所祭祀鬼神的虔诚，同时也是使人通过几天在身心方面的准备，最终能够心无杂虑，澄明清澈，通过祭祀与鬼神进行精神沟通。需要指出的是，早期的斋戒中并不禁食鱼肉荤腥，而只是禁食葱、蒜、韭菜等辛辣食物。事实上，人们在斋戒时往往还专门吃鱼肉荤腥，因为古代祭祀程式复杂，时间很长，有时一连几天，对人的体力要求很高，因此古人专门食肉补充体力，只是在南北朝后受佛教影响，斋戒才逐渐与素食联系起来。后来，斋戒一词又被用以表示出家人必须遵守的清规戒律，即八关斋戒：一不杀生、二不偷盗、三不淫邪、四不妄语、五不饮酒、六不坐高广大床、七不涂饰香及歌舞视听、八过午不食。

祭　品

古人祭祀时给鬼神献上的礼品，一般都是古人认为比较贵重和美好的，最常见的祭品便是五谷、瓜果蔬菜、酒、动物等。各种祭品中，动物最贵重。而在六畜之中，马是用来打仗的，不允许随便杀死，猪成了最重要的祭品。因周朝初建时，牛是从雅里安人那里引进的新鲜物种，数量还比较少，相当珍稀，故被用作为最高规格的祭品，羊当时也是刚从藏族人那里引进的新物种，数量也不多，被放在第二位，而猪为华夏人最先驯养，是普通不过的家畜，放在最后。作为祭品，牛、羊、猪三牲畜齐备叫"太牢"或"大牢"，只有天子才有资格用；只有羊和猪叫"少牢"，供诸侯或大夫之用；只有一口猪，则称为"特豕"，供低级贵族之用。天子或者诸侯祭祀时，一般用毛色纯正的牲畜，称为"牺牲"。祭祀结束之后，鬼神自然不可能真吃了祭品，因此天子或诸侯往往将祭品分赐臣下，称为"赐胙"。至于普通百姓，祭祀时一般只是根据节令摆放一些时鲜蔬谷，加上一些相宜的肉蛋类。不过，后来随着社会经济发展，原为贵族专用的祭品平民也可以用了。

葬　仪

葬仪，指安葬死者的方式，因中国是多民族国家，不同民族的安葬方式往往各具特色，因此在中国存在土葬、火葬、水葬、鸟葬等诸多葬仪。就汉民族来说，早期人们一般实行土葬，这是汉民族作为农耕民族，重视土地有关。在古汉人眼里，人是由土地所养育的，因此死后回归土地相当于回家。《礼记·祭仪》中说："众生必死、死必归土。"与汉族不同，早期一些少数民族则实行火葬。如《墨子·节葬》中曾记载，在秦国西边的一个西羌人建立的义渠国中，"其亲戚死，聚柴薪而焚之"，称之为"登遐"（升天）。佛教传入中国后，由于佛教高僧死后一般都实行火葬，因此火葬一度在汉族佛教徒中流行，以至于宋太祖曾明令禁止。南宋时，由于偏于一隅，人多地狭，火葬一度盛行。其后的明清时期依然如此。水葬一般是聚居于河流湖畔或海边民族流行的习俗，他们一般将死者放于筏上，任其漂流，这是因为他们以水族为食物，往往视为自己的归宿。天葬多流行于牧猎民族，他们往往将亲属尸体放于郊野或高山之巅，任鸟啄食，认为这可以使死者魂升天界。另有悬棺葬、树葬、玉殓葬等葬仪存在于其他一些少数民族中。

陵　寝

陵寝，即古代帝王的陵墓。春秋时，厚葬之风盛行，死者的墓越来越气派。其中最气派的当然是帝王之墓，一般称为陵。陵，本是山丘的意思，以此来称帝王之墓，可见其规模之庞大。战国时，秦惠王规定："民不得称陵。"于是，陵成了帝王陵墓的专称。因古人相信人死后灵魂还要在地下"生活"，故帝王墓旁建有寝宫。另外，墓外还建有一系列用于装饰和祭祀的石雕、殿堂等。因为陵寝是以其墓穴为中心的庞大建筑群，故称"陵园"。

陵寝真正的大规模化，始于秦始皇。其陵寝高120米，底边周长2167米，历时37年始建成，极尽豪华之事，并设计了相应的机关防止盗贼。其后的历代帝王都沿袭了秦始皇的做法，往往不惜巨资，并调遣当时最高超的匠人参与修造。因此帝王陵寝是古代留下来的极其珍贵的艺术品。一般一个朝代的帝王陵寝都会建立在一起，形成一个陵寝群，其地点往往在其都城附近，如西安附近的唐陵、河南巩义的宋陵、北京昌平境内的明十三陵、河北遵化市的清东陵、河北易县的清西陵等。

服　丧

服丧，即古人为死者守丧的礼仪。守丧，指的是在丧事办完之后，亲属通过服饰和生活方面的特别规定体现对于死者的哀悼和怀念。其大致可分为两个方面，一是经由守丧者所穿的丧服的时间长短来体现。具体而言，根据亲属关系的远近可分为五种丧服，由近及远分别是：斩衰、齐衰、大功、小功、缌麻。其中，斩衰要穿三年，齐衰则根据具体的关系不同，时间有所差别，一年、5个月、3个月都有；大功则穿9个月；小功穿5个月；缌麻则穿3个月。五种丧服有较大区别：斩衰是五服中重要的丧服，用极粗的麻布缝制而成，极其简陋，许多该缝的地方都敞开着，完全不像上衣，此表示因哀痛而不注意外在形象之意，此服为最亲近者所穿，如子为父、妻为夫等；齐衰是次于斩衰的丧服，用粗麻布制作，因把边缝齐了，所以叫齐衰，此为次一级的亲属所穿，如已嫁女为父母、孙辈为祖父母等；大功又次于齐衰，用粗熟麻布制作，一般为堂兄弟、未嫁堂姊妹、已嫁女为伯叔父所穿；小功次于大功，用质量较好的麻布制成，为伯叔祖父母、外祖父母、母舅等所穿；缌麻是最轻的一种丧服，用细熟麻布制成，做工比较细致，此为曾祖父母、妻之父母、表兄弟等所穿。总之，亲属关系越近，其丧服越粗糙。大体上，古代丧服的服制都以《仪礼·丧服》为准则，历代遵行，只是小有变通。二是对于死者儿子，还有关于生活方面的一系列规定，称为守制，时间为三年。

朝　聘

朝聘，原指古代诸侯派使者或亲自定期觐见天子的礼仪，后来也指藩属国使节前来觐见中国皇帝的礼仪，属于"五礼"中的宾礼。具体而言，聘，是指诸侯派使者觐见天子；朝，则是诸侯亲自觐见天子。《礼记·王制》规定，诸侯每年都要派大夫前往王都拜见天子，称作"小聘"；诸侯每三年要派卿前去拜见天子，称作"大聘"；诸侯每五年须亲自前往王都拜见天子，称作"朝"。诸侯及卿大夫朝聘天子时，要携带当年该向天子交纳的贡赋，还要奉行严格的礼仪，以示对天子的敬重和臣服。其礼仪程序分别是："郊劳"（天子派人迎接并慰问来宾）、"赐舍"（安排来宾下榻）、"朝觐"（来宾正式拜见天子并献礼）、"请罪"（来宾向天子表示自己做得不好，求天子宽恕，是一种谦虚说法）、"赐礼"（天子赏赐来宾一些礼物）。

朝聘之礼本来只有天子才有资格享受，但在东周时，周王室衰微，各诸侯国也纷纷采用了朝聘之礼。秦统一中国后，中国在1000多年的时间里称雄于东方，其间各国派使节前来时，中国基本上都以朝聘仪式接待。因此，"四夷来朝"的说法一直不绝于书。直到鸦片战争后，在西方人的强烈要求下，清政府才废弃了朝聘之礼，而以现代外交礼仪与各国打交道。

避　讳

避讳，中国古代特有的现象，指的是在口头或书面提到某个人的名字中含有的字时，避开此字。关于避讳的原则，《公羊传·闵公元年》中曾言："春秋为尊者讳，为亲者讳，为贤者讳。"这是古代避讳的一条总原则。其中的尊者，主要是指古代皇帝，有时也指贵族和官员；亲者指自己的长辈；贤者则指孔孟等圣贤。而避讳方法，主要可分为三种：改字法，即将所避讳的字改作另一字，比如东汉时秀才因避光武帝刘秀的名讳而改称为茂才。又如苏洵的祖父名序，苏洵将文章中的序改称为引，至今沿用。空字法，即遇到避讳的字时，空开不写，读者也往往心领神会。缺笔法，即在写到这个字时，故意少写一笔。除此外，古代还有其他的一些避讳法，当时吕后当权时，因其名雉，人们遇到雉时都改称野鸡；清乾隆时，为避顺治帝福临名，天下百姓不得贴"五福临门"；陆游的《老学庵笔记》记载，宋代田登做州官时，自避名讳，州中都将"灯"字称为"火"字。元宵节时，官府发布曰："本州以例放火三天。"以至于百姓有"只许州官放火，不许百姓点灯"的讽刺。到后来，甚至连皇帝的属相也要避讳。比如因宋徽宗属狗，当时曾一度禁止民间杀狗。至于古人的圣讳，各朝略有不同，一般有黄帝、周公、老子、孔子、孟子等。圣讳相对不那么严格，一般是读书人自觉避讳以示尊重。

守　制

守制，是古人对死者儿子所单独作出的守丧制度，期限为三年。其间该制度对于守丧者有一系列相当严苛的生活方面的要求。首先，孝子不能有任何享乐，不得饮食酒肉、瓜果蔬菜，只能吃粥；不得与妻同房；乃至不得洗澡、换衣服、剃头等。其次，守丧者不得嫁娶，不得有任何庆祝活动，不得在节日拜访亲友。最后，在汉代察举时期，守丧者不得被举荐，科举考试时代，守丧者则不得应考。而在外做官的官员，必须告假回家守制，称为丁忧。最理想的，便是守制期间，孝子在父母墓前搭建简陋草庐独居三年。可以看出，守制的所有规定全都做到恐怕是不太可能的，这只能是古人对于孝道所设想的一种理想化状态。但是，政府对于守制制度是相当严格的，如有士子在居丧期间前去应考是要受到法律制裁的。

古人之所以要制定守制制度，乃是受儒家思想影响。儒家重孝的同时，又推崇礼制，因此将孝道体现到琐碎的礼制之中也是题中应有之义了。而之所以守孝时间为三年，《礼记·三年问》中解释为："子生三年，然后免于父母之怀。"意思是婴幼儿出生三年后，可以脱离父母怀抱了。因此也以守丧三年作为回报，但守制的过分严苛显然已经有些不合乎人情，将孝形式化了，脱离了孝本来的真诚。

丁忧与夺情

古代官员因父母亡故暂时辞官回乡守制称作丁忧，又叫"丁艰"

"守孝"。该制度始于汉代，古代官员遇到这种事，不管官职多大，都得告假还乡，但一个官员一旦辞官回乡，不但没有俸禄，更关键的是三年之后再回到朝廷，官场的变动已经很大，自己的位子也早就被别人顶了，要想恢复原来的职务，自己还需要摸爬滚打一番才行。因此，不少官员都不愿意回乡丁忧，以至于瞒报自己父母的丧事。但这种情况一旦被发现，则惩罚十分严重。如后唐明宗时孟昇因瞒报父母丧事，最后被赐自尽。

因丁忧的时间长达三年，这必然会给朝廷的行政工作带来中断，尤其是身居要职者的丁忧，而夺情便是古代政府针对这个问题所制定的制度。古代官员遇到需要丁忧的情况，如果朝廷因为特殊情况，比如政治或军事方面的需要而要求官员不得回乡丁忧，而必须留在朝廷，或者官员已经回乡丁忧但期限未满，朝廷提前强令召回其出仕，这两种情况叫夺情。丁忧一旦遇到夺情，则必须屈从，因为在古代，君臣之义是大于父母之情的。一般情况下，只有担任中央朝廷要职的官员才会遇到夺情的情况。另外，也有官员因不愿离职而自谋夺情的。如明万历年间的内阁首辅张居正，在接到父亲讣告时，正在推行改革，因不愿功亏一篑，他表面上屡次上书请求回乡丁忧，暗地里却通过太后让皇帝诏令他夺情。虽然不少反对派力图赶他回家丁忧而夺其权，但最终还是张居正取得成功。

礼　典

礼典是我国古代社会治国理政的大经大法，一般为礼法和犹礼文，对我国古代社会产生了极为深远的影响。《周礼·天官·大宰》云："三曰礼典，以和邦国，以统百官，以谐万民。"这是"礼典"一词的最早出处。

礼　法

礼法指礼仪法度。《晋书·阮籍传》云："楷曰：'阮籍即方外之士，故不崇礼典，我俗中之士，故以轨仪自居'"。《北史·张晏之传》云："幼孤，有至性，为母郑氏教诲，动依礼典。"礼法对维持社会秩序、维护社会稳定发挥着重要作用。

犹礼文

犹礼文指《周礼》《仪礼》《礼记》一类礼书。《后汉书·郑玄传》云："案之礼典，便合传家。"南朝梁刘勰在《文心雕龙·谐隐》中讲："又蚕蟹鄙谚，貍首淫哇，苟可箴戒，载于礼典。"犹礼文对礼仪法度的整理、保存等意义重大。

礼典影响着我国古代社会的方方面面，发挥着"和邦国""统百官""谐万民"的重要作用。

礼　器

礼器是我国古代贵族在举行祭祀、丧葬、庆祝等礼仪活动时所使用的器物，往往象征着使用者的身份、地位和权力。礼仪必须借助于器物才能完成。使用何种礼器行礼以及礼器如何组合，都传达着礼仪的信息。礼器的范围很广，凡行礼所涉及的物质尽属礼器范围。礼器大体可分为四大类：第一类是用以盛物的食器，包括鼎、簋、鬲、盂、俎等；第二类是酒器，包括爵、角、觚、尊、壶、卣、樽、觥等；第三类是用以盥洗的水器，包括匜、盂、盘等；第四类是用以标明身份尊贵的玉器和束帛（往往合称玉帛），包括璧、璋、琮、圭、璜等，束帛则是扎成捆的丝织品。因玉帛在古代被广泛用于各种典礼，因此经常被当作礼器的代名词。

诸多礼器之中，鼎是最具象征意义的。鼎本来是用来煮饭的器具，由青铜铸成，或圆形三足，或方形四足，做饭时，直接在下烧火即可，因此相当于现代的锅，同时又附带了灶的功能。后来被用来祭祀时装胙肉。古代贵族往往在鼎的内部铸上歌颂自己祖先功绩的文字，然后藏之宗庙。不同身份之人的鼎的数量和装饰不同，天子九鼎，饰以黄金；诸侯七鼎，饰以白金；卿大夫五鼎，饰以铜。禹当年曾用天下诸侯贡献之铜铸造九鼎，象征九州，此后鼎便成了天下与权力的象征。

《周礼》中有句话："以玉作六器，以礼天地四方。"关于周礼六器在《周礼·春官·大宗伯》中载："以苍璧礼天，以黄琮礼地，以青圭礼东方，以赤璋礼南方，以白琥礼西方，以玄璜礼北方"。

玉　璧

在西周，玉璧其实还是很少见的，最多的是一种5厘米左右的玉佩，以龙凤为纹饰，通常有身份的人，如皇帝、太子之类有资格佩戴在身上，是区分王侯相地位高低的象征。我们在看古装片的时候，还会经常看见某某立了大功，皇帝奖赏什么玉佩一双之类的。玉璧是十分重要的祭祀礼仪用器，古人认为其象征着上天，即所谓的"苍璧礼天"。

玉　琮

琮大概是这样子，外八角而内圆，八角取义八方象地之形，中虚圆以应无穷象地之德，故以祭地。多数都是没有纹饰的，仅有一种是带凤纹路的。在中国历史上有据可查（甲骨文）的第一位女性军事统帅、杰出女政治家妇好的墓里就有"琮"这件礼器。岐山县城礼乐广场（东广场）就竖立一琮，高大壮美，气势雄伟。

玉　圭

用来拜祭东方之神的圭，不仅仅是一种祭祀用品，还是用来赐给诸侯的信物，可以用来丈量土地，圭的长短，代表着地位和德才的高低。西周的玉圭，是扁薄且细长的，上尖下方，长短不一，有十几厘米长的，也有更长一些的。

玉　璋

东汉许慎在《说文解字》中说："半圭为璋。"也就是说，玉璋是玉圭的一半，是从上端尖锋处垂直切下之一半。其实，有的朋友可能会想到这个形状，跟官员上朝的时候手中拿的笏板有点像，笏板有竹子做的，也有玉做的。璋有三种，第一种是用来祭南方之神的礼器；第二种是天子用来巡守用的，又叫大璋；第三种为牙璋，是作为符节用的，就是官员上朝用的。

玉　璜

玉璜，是祭拜北方之神的礼器，也是六器之中最精美的，通常两面都有纹饰，如龙纹、凤纹、人纹等，呈弧形，两端打孔，可以佩戴在身上，还会上下平衡组成一系列的组佩，在古墓里也能经常发现这种葬品。

玉　琥

用来祭祀西方之神的礼器，有两种说法，一说玉琥是老虎形状的玉制雕制品。在河北平山曾出土一件战国时期的虎形玉器，上面刻着"琥"的铭文；另一说是猜测琥跟其他五种礼器一样，都是几何图形的，可能是接近玉刀、玉斧这样的东西，因为古书记载不详，所以难有定论。

礼　治

"礼治"是以礼仪制度作为国家基本政治秩序的执政理念。"礼治"的基本确立是西周初年，周公旦在确定礼制的过程中起到了重要的作用。周初的"礼治"是以"亲亲"和"尊尊"的观念为基础的，"亲亲"就是按照血缘关系的远近来区分亲疏，再由亲疏来确定贵贱；"尊尊"，就是地位低的人要尊重地位高的人，不得有僭越。"礼治"的核心是君、臣、父、子各具其名，尊卑、亲疏、高低、贵贱各有其分，依此而行，整个社会便会建立起一套严明的秩序，国家的政治生活才不会出现纷乱。这就是与"礼治"的思想内涵相配合，统治者创立了一套繁复而精微的礼仪制度，令"礼治"的形式与内容相为呼应，以起到良好的实践效果。但是，"礼治"未能使国家的运行长治久安，统治者并不能借此而高枕无忧，延递至东周时期，"礼治"的规则便为"礼崩乐坏"的局面所打破。

乐　舞

司马迁在《史记·周本纪》中赞扬周公"兴正礼乐，度制于是改"。王国维在《殷周制度论》中赞扬周公"制礼作乐"促使"旧制度废而新制度兴，旧文化废而新文化兴"。由此可见，周公"制礼作乐"是以"礼乐制度"取代"宗教神治"，促使文化思想从宗教型向伦理型转化，以礼乐教化来取代宗教神治，弘扬人伦礼乐，以此巩固周王朝的统治。

周礼严格区分和限定了社会中每一个个体所处的地位，从国家制度和宗法层面对臣民予以强制性约束，建立了等级森严的阶级社会。为了在这样的社会中保持人与人之间的和谐相处，周代统治者采用乐舞的感召力作为沟通情感的基本方式，化解因为礼的等级化、秩序化引起的种种对立和矛盾。"乐"就是指乐舞，包括音乐和舞蹈，是配合不同等级的贵族进行礼仪活动而制作的与礼相伴的诗歌、乐舞等表演形式。乐舞的规模，歌词的内容，乐器配置等必须与所享受贵族的等级保持一致。这就形成了以西周时期为代表的、典型的礼乐制度，体现了当时的文明特征。

音乐和舞蹈教育在西周贵族教育中占有重要位置。国家设有大司乐一职，大司乐不仅是国家音乐机构的领导者，而且是国家高等教育的负责人。西周贵族子弟13岁至20岁修习音乐，由大司乐负责，以乐德教国子"中、和、祗、庸、孝、友"；以乐语教国子"兴、道、讽、诵、言、语"；以乐舞教国子"舞《云门》《大卷》《大咸》《大韶》《大夏》《大濩》《大武》"。以六律、六同、五声、八音、六舞大合乐，以敬鬼神、和万邦、谐万民、安宾客、说远人、御天下。

总之，周代礼乐制度构筑了周代政治制度与文化形态的基本框架，对后世文化制度和思想观念产生了巨大而深远的影响。

第三章 周礼的类别与典籍

岐山是周公故里、周礼之乡，是中华礼仪文化的发祥地。3000多年前，周公制礼作乐，对后世产生了极为深远的影响。《周礼·春官·大宗伯》将周礼划分为五类，分别是吉礼、凶礼、军礼、宾礼、嘉礼，称作"五礼"。数千年来，在周礼文化的熏陶下，岐山人民形成崇德向善、知书达礼、谦和礼让、热情好客的良风美俗，这些在西岐大地世代相传的良风美俗是考察周礼文化的"活化石"。在新时代，传承周礼优秀文化、弘扬社会主义核心价值观，对推进"四个岐山"建设、奋力谱写中国式现代化建设的岐山新篇章具有重要意义。

吉礼——敬鬼神

吉礼居五礼之冠，是有关祭祀的典礼，其主要的祭祀对象可大体分为三类，分别是天神、地祇、人鬼。天神包括昊天上帝、日月星辰、司中、司命、雷师等；地祇包括社稷、五帝、五岳、山林川泽等；人鬼主要指祖先和逝者等。吉礼的举行往往是一种国家政治行为，由统治者主持。在诸多的祭祀活动之中，尤为统治者所重视的祭祀宗庙、社稷、天地、孔庙。宗庙，也叫太庙，是皇帝先祖的祠堂，一般都建在王宫前面，明清两朝的宗庙就建在紫禁城外；社稷，是指土神和谷神。祭祀土神、谷神的地点一般称社稷，在古代，它是国家的象征。古代礼制规定，"左宗庙、右社稷"，社稷坛一般建在王宫前面的右侧，与太庙对称；祭祀天地，在古代又称为"封禅"，十分隆重。由帝王亲自前往泰山举行，一般是比较有作为的皇帝才有此举动。祭祀孔子也是后代非常重视的仪式，是国家礼制的一部分，一般由大臣前往主持，有时皇帝亲自前往。

凶礼——哀邦国

凶礼是古代针对不好的事情举行的礼仪，包括丧葬礼、荒礼、吊礼、恤礼、禬礼等。其中丧葬礼是为死者举行和表达哀思的礼仪；荒礼是遇到旱涝灾害或瘟疫流行时，统治者所举行的一种表达自己体察灾情，并愿意为人民分担的一种礼仪；吊礼是在别的友邦国家或友好人士遭受自然灾害后，统治者派人前往慰问的礼仪；恤礼是当邻国遭受自然灾害后，统治阶级派人前去表示慰问的礼仪；禬礼是友好邻邦在军事上遭受失败后，统治者派人送去物资援助并给其鼓励的礼仪。总之，凶礼都是在个人或国家遭受惨烈的事情后，对其表示同情和慰问的礼仪。后来，凶礼主要是指丧葬、持服（即守孝）、封谥号等与死亡有关的礼仪。

宾礼——待宾客

宾，客也；宾礼即接待客人的礼仪，这个客人可以是个人，也可以是代表一个国家。宾礼在各个时期的种类和形式都有变化。上古时期的宾礼主要包括朝、聘、会、遇、锡命等一系列的礼仪制度。朝，即诸侯按固定日期见天子时一系列礼仪；聘，指诸侯国之间互遣使者访问的礼仪；会，指诸侯对天子不定期的朝见，或是诸侯之间无定制会面；遇，指诸侯或官吏间偶然的邂逅，通常礼节比较简单；锡命，指的是天子或诸侯对下属分赐爵位、服饰、土地等时的礼仪。《通典》记载了唐代的宾礼："三曰宾礼，其仪有六：一、番国主来朝；二、是戒番国主见；三、番主奉见；四、受番师表及币；五、宴番国主；六、宴番国使。"番，指的是唐周边的少数民族政权以及朝鲜半岛地区的新罗、日本等国。《清史稿·礼志二》则记载了清代的宾礼："宾礼，藩国通礼，山海诸国朝贡礼，敕封藩服礼，外国公使觐见礼，内外王公相见礼，京官相见礼，直省官相见礼，士庶相见礼。"

军礼——摄不协

军礼是有关军事活动的典礼，包括检阅、用兵、畋猎等活动时的礼仪。各个时代的军礼有所不同，如《周礼》中所记载的"大师之礼"，乃是军队征伐之前举行的礼仪；"大均之礼"则是天子或诸侯在分土地、征赋税时举行的军事检阅；"大田之礼"是用于天子狩猎时，并顺便检阅军队；"大役之礼"用于国家建造城邑、宫殿、开河、造堤等大规模土木工程时的队伍检阅；"大封之礼"则是诸侯勘定各自封地地界、树立界碑的一种活动。另外，《通典》中记载了唐代的军礼，具体包括告太庙、命将、出师、阅师、誓师、献俘等。古代军队出征打仗前宰头牛，甚至有时杀个违犯军纪的人，称为祭旗，也是一种军礼。凡军事活动中形成的定制行为，都可算是一种军礼。军礼大体上是为起到一种宣示力量、鼓舞士气、检阅训练部队等作用。

嘉礼——亲万民

嘉礼是人们为日常生活中高兴的事情所举行的庆祝礼仪，往往是人们之间联络感情，建立良好人际关系的媒介；另外，皇帝家中有喜事所举行的庆祝礼仪也叫嘉礼。嘉礼因为涉及生活各个方面，内容比较庞杂，其中比较重要的几种是婚礼、冠礼、飨礼、宴礼、射礼等。婚礼，指结婚礼仪。冠礼，古代男子年满20岁时所举行的典礼，对之加冠以示成年。另外，古代女子15岁时亦行笄礼，以示成年，也可算是冠礼的分支。飨食是古代设酒食款待来客的一种礼仪。宴礼，是古代皇帝家有诸如君主登基、册皇太子、天子纳妃等喜事时所举行的宴请大臣的礼仪。射礼，因古代尚武，故在许多庆祝活动中都设有射箭项目，作为一种仪式的同时，也是一种娱乐。《清史稿·礼志六三》："二曰嘉礼，属于天子者，曰朝会、燕飨、册命、经筵诸典。行人庶人者，曰乡饮酒礼。而婚嫁之礼，则上与下同也。"在五礼之中，其他四礼大多与国家政治生活相关，由皇帝出面主持，嘉礼则是唯一与普通百姓日常生活联系紧密的礼仪。

礼仪文化典籍简介

《周礼》《仪礼》《礼记》合称为"三礼"，属儒家礼仪文化的经典之作，是礼仪、道德、教育、各种社会礼仪理论和礼仪制度的总和，均代表了古代东方文化的精魂，流传至今2000余年，其影响至深至巨。统治者尊奉"三礼"为治国安邦的法宝，士大夫以通经致用作为自己的终身抱负，平民百姓把它们当作修身处世的懿训。

《周礼》

《周礼》原名《周官》，是西汉景、武之际，河间献王刘德从民间征得的先秦古书之一。世传为周公旦所著，实际上可能是战国时期归纳创作而成。贾公彦《周礼正义序》载："《周官》孝武之时始出，秘而不传"；"即出于山岩屋壁，复入于秘府，五家之儒莫得见焉。至孝成皇帝，达才通人刘向、子歆校理秘书，始得列序，著于《录》《略》。然亡其《冬官》一篇，以《考工记》足之"。

《周官》直到刘向、刘韵父子校理秘府文献才发现，并加以著录。王莽时，因刘歆奏请，《周官》被列入学官，更名为《周礼》。东汉初，刘歆门人杜子春传授《周礼》之学，一时注家蜂起。郑玄序云："世祖以来，通人达士大中大夫郑少赣名兴，及子大司农促师名众，故议郎卫次仲，侍中贾君景伯，南郡太守马季长，皆作《周礼解诂》。"（《周礼注疏序》）到东汉末年，经学大师郑玄为之作注，《周礼》一跃而居"三礼"之首。《周礼》主要记载古代政治、文化、经济等制度，包含了周王朝以及各个诸侯国的制度。为了维护宗周的统治，周公旦进行了全面的创新，建立了全面深刻、丰富完善的一整套礼制，把起居、祭祀等方面都放进礼的范围。涉及内容极其广泛，有着很强的实用价值。西周的礼制是统治者等级制度的政治准则和道德规范总系，随后发展成为区别贵贱的等级规则，礼制形成了西周的独特文化。《周礼》之所以能成为儒家经典之一，是因为在设计礼乐制度背后有着社会正义原则。《周礼》最主要讲的是官制和政治制度。

《仪礼》

《仪礼》是记载礼仪具体环节的书，是中国古代礼仪最完备的书。讲述古代贵族生活的各种礼节仪式，有明显的阶级之别。对其作者，一种认为非周公不能作，一种认为是孔子及其后学所作。古代王朝非常重视礼制，每个朝代都会制定一套礼仪、礼制，对巩固等级、阶级对立的秩序起了很重要的作用。通过《仪礼》可以了解贵族生活的礼节，以及还保留着远古礼俗，对古代封建社会有着更具体的认识。《仪礼》共17篇，目次如下：士冠礼第一、士婚礼第二、士相见礼第三、乡饮酒礼第四、乡射礼第五、燕礼第六、大射礼第七、聘礼第八、公食大夫礼第九、觐礼第十、丧服礼第十一、士丧礼第十二、既夕礼第十三、士虞礼第十四、特牲馈食礼第十五、少牢馈食礼第十六、有司彻礼第十七。这个次序，为汉刘向《别录》所列。据文献记载，汉武帝时在孔壁中发现《吉礼》五十六篇，其中十七篇与汉初经生所传十七篇《仪礼》相同，但多出三十九篇。此三十九篇礼文久佚，学者称之为《逸礼》。由此便产生一个问题："十七篇《仪礼》是不是一个残本。"一种观点据此认为，十七篇《仪礼》是一部残缺不完之书；另一种观点正与此相反，认为十七篇《仪礼》并非不完全的残本，而是一部完备的著作。清人邵懿辰《礼经通论》对此有很详细的论证。《礼记·昏义》说："夫礼始于冠，本于昏，重于丧祭，尊于朝聘，和于射乡，此礼之大体也。"现今本《礼仪》十七篇，《昏义》所说作为"礼之大体"的上述数项内容，皆完整无缺。

《礼仪》是研究古代社会生活的重要史料之一，内容可靠，有很高的学术价值，还保存了丰富的语汇，对文献学和语言学提供了史料。《仪礼》是封建宗法制的理论形态，体现着古代的特质，记载的礼制对后世有深远的影响。

《礼记》

《礼记》主要记载先秦的礼制，是对经文的诠释和发挥，对民间行为规范和国家制度的阐述，包括社会、宗教、政治等方面，是儒家思想和古代社会制度的重要著作，其大量记有礼俗、教化、尊老、服饰等古代社会生活的所有方面。《礼记》在儒家经典中占有重要位置，非常全面，讲解了儒家思想的核心内容，完整反映出了先秦时期的社会文化背景，还对家庭成员之间的行为规范做出了解读，形成独特的家庭规范。《礼记》从多个角度讲述了儒家的礼乐文化精神以及意义，体现了儒家的政治和伦理思想。

《礼记》有《冠义》释《士冠礼》；有《昏义》释《士昏礼》；有《问丧》释《士丧礼》；有《祭义》《祭统》释《郊特牲》《少牢馈食礼》《有司彻》；有《乡饮酒义》释《乡饮酒礼》；有《射义》释《乡射礼》《大射礼》；有《燕义》释《燕礼》；有《聘义》释《聘礼》；有《朝事》（《大戴礼记》）释《觐礼》；有《丧服四制》释《丧服》，都不出《礼仪》十七篇之外。由此可见，今本《仪礼》应该说是一部体系和内容完备的著作。邵懿辰认为，"经礼三百，曲礼三千"（《礼记·礼器》），古来之礼不止此十七篇，亦不止《汉书·艺文》。

第四章 礼俗的文化功能

礼俗文化是我国古代劳动人民智慧的结晶，是人们进行社会交际的共同准则。加强礼仪教育、传播礼仪文化、传承良风美俗，对于提高自身修养和素质、塑造良好的形象，推进社会精神文明建设，扩大人际交往，促进事业成功具有十分重要的作用。

弘扬礼俗传统

文明古老的中华民族，以其聪颖的才智和勤奋的力量，创造了人类历史上最灿烂的文化。中华民族素以文明古国、礼仪之邦著称于世。几千年来，我国各族人民都创造了一整套独具特色的礼节、仪式、风尚、习俗、节令、规章和典制等，并为广大人民所喜爱、沿袭。这些礼仪习俗，反映了中华民族的传统美德与优良品质，勾画了中华民族的历史风貌。

我国古代思想家、教育家们十分重视"礼"的教育。"礼"的内容比较全面地规定为处理、调整当时社会各种关系的准则和规范。孔子就曾经指出："不学礼，无以立。"孔子小时经常做练习礼的游戏。"入太庙，每事问"，后来还专程赴周向老子请教礼。他对于"礼"的研究下过很大功夫，认为周礼文化吸收夏商两代的经验，并有所发展，是比较完备的，所以他说"吾从周"。孔子选取了士必须学习的礼制十七篇，编辑成《礼》，也就是流传至今的《仪礼》。孔子非常重视对学生在日常行为方面的教育，他要求学生衣冠整齐，走有走的样子，坐有坐的姿势，为人处世要彬彬有礼，温文尔雅。《史记·孔子世家》中就说："孔子以诗、书、礼、乐教弟子，盖三千焉，身通六艺者，七十有二人。"其中"六艺"指的是以"礼"为首的礼、乐、射、御、书、数。

《仪礼》《周礼》《礼记》为"三礼"。"三礼"是我国最早最重要的礼仪论著。《礼记》中就记载着对父母"出告反面"，意思是出门告诉父母一声，回家要和父母打个照面问候一下。对老师应该是"遭先生于道，趋而进""从于先生，不越路"。书中内容是十分广泛、具体的。

《三字经》是我国流传时间最长、范围最广、影响最大的一本启蒙学教材，相传为南宋学者王应麟所著，它被人们誉为"古今奇书"和

"袖里通鉴纲目"。《三字经》已被翻译成英、法、俄等多种文字在国外流传，还被联合国教科文组织选作儿童道德教育丛书。书中写道："为人子，方少时，亲师友，习礼仪。"意思是，做儿女的，正当年少时，就要拜师访友，学习礼仪。清李毓秀撰辑了一本《弟子规》，书中详细规定了学生在言谈举止方面的礼仪规范，其中有尊重长者方面的要求："或饮食，或走坐，长者先，幼者后。"有仪表方面的要求："冠必正，纽必结，袜与履，俱紧切。"有仪态方面的要求："步从容，立端正，揖深圆，拜恭敬。"有禁酒的要求："年方少，勿饮酒，饮酒醉，最为丑。"有语言方面的要求："刻薄语，秽污词，市井气，切戒之。"

在我国历史上还流传着许多讲究礼仪的佳话。如"廉蔺交欢"（讲究礼让）、张良纳履（尊老敬贤）、"程门立雪"（尊敬老师）、"管鲍之交"（交友上道）、"三顾茅庐"（待人以诚）等这些故事脍炙人口，妇孺皆知，对今人仍有很大的教育意义。

我国现当代历史上有许多伟大人物，在礼仪修养上堪称楷模，他们的作风、态度、处世、举手投足都成为人们的典范。如周恩来总理是世界公认的最有风度的领导人和外交家，他的一举一动都给人们留下了深刻难忘的印象，人们用"富有魅力""无与伦比"等优美的词语来赞美他的翩翩风度。在外事活动中，周总理十分注重礼节。他病重时，脚因为过度肿胀而穿不上原来的鞋子，只能穿拖鞋走路。工作人员心疼周总理，让他穿着拖鞋参加外事活动，认为外宾是能够理解的。但总理不同意，他说："这不行，要讲个礼貌嘛！"于是，他请工作人员为他特制了一双鞋，留着接见外宾时穿。周总理在外事活动中注重礼节，受到外宾的盛赞，表现出传统美德，是我们学习的榜样。

可见，讲究礼仪，尊重民俗，按照礼仪和习俗要求规范我们的行为，对传承中华礼俗文化，弘扬我国优良的礼仪规范和良风美俗，有着极其重要的意义。

提高自身修养

在人际交往中，礼仪习俗往往是衡量一个人文明程度的准绳，它不仅反映着一个人的交际技巧与应变能力，而且还反映着一个人气质风度、阅历见识、道德情操和精神风貌。因此，在这个意义上，完全可以说礼仪运用的程度对相关习俗的尊重，可以察知其教养的高低、文明的程度和道德的水准。《深圳青年》登载的《修养的作用》一文讲述的事情颇能说明问题：

有一批应届毕业生22人，实习时被导师带到北京的国家某部委实验室里参观。全体学生坐在会议室等待部长的到来，这时有秘书给大家倒水，同学们表情木然地看着她忙活，其中一个还问了句："有绿茶吗？天太热了。"秘书回答："抱歉，刚刚用完了。"林晖看着有点别扭，心里嘀咕："人家给你倒水还挑三拣四。"轮到他时，便轻声说："谢谢，大热天的，辛苦了。"秘书抬头看了一眼，满含着惊奇。虽然，这是很普通的客气话，却是她今天唯一听到的一句。

门开了，部长走进来和大家打招呼，不知怎么回事，静悄悄的，没有一个人回应。林晖左右看了看，犹犹豫豫地鼓了几下掌，同学们这才稀稀拉拉地跟着拍手，由于不齐，越发显得凌乱起来。部长挥了挥手，"欢迎同学们到这里来参观。平时这些事一般都是由办公室负责接待，因为我和你们的导师是老同学，非常要好，所以这次我来亲自给大家讲一些情况。我看同学们都没有带笔记本，这样吧，王秘书，请你去拿一些我们部里印的纪念册，送给同学们作纪念。"接下来，更尴尬的事情发生了，大家都坐在那里，很随意地用一只手接过部长双手递过来的手册。部长脸色越来越难看，来到林晖面前时，已经快没有耐心了。就在这时，林晖礼貌地站起来，身体微倾，双手接住手册，恭敬地说了声："谢谢您！"部长闻听此言，不觉眼前一亮，伸手拍了拍林晖的肩膀："你叫什么名字？"林晖照实作答，部长微笑点头，回到自己的座位上。早已汗颜的导师看到此景，微微松了口气。

两个月后，毕业分配表上，林晖的去向栏里赫然写着国家某部委实验室。有几个颇感不满的同学找到导师："林晖的学习成绩最多算是中等，凭什么选他而没选我们？"导师看了看这几张尚属稚嫩的脸，笑道："是人家点名来要的。其实，你们的机会是完全一样的，你们的成绩甚至比林晖还要好，但是除了学习之外，你们需要学的东西太多了，修养是第一课！"

由此可见，学习礼仪、运用礼仪、尊重习俗有助于提高个人的修养，有助于"用高尚的精神塑造人"，真正提高个人的文明程度。

完善个人形象

一个人举止端庄，行为文明，是良好素养的表现，它能帮助个人树立良好的形象，也能为单位赢得赞誉，反之既污损自己的形象，又有损单位的形象。《人民日报》有这样一则报道：

中国长江医疗机械厂经过艰难的谈判，即将与美国客商约瑟先生签订"输液管"生产线的合同。然而，去车间参观时，厂长陋习难改，往地上吐了口痰。约瑟看后一言不发，掉头就走，只留给厂长一封信："我十分钦佩您的才智和精神，但您吐痰的一幕我彻夜难眠。一个厂长的习惯可以反映一个工厂的管理素质。况且我们合作的产品是用来治病的，人命关天。请原谅我的不辞而别，否则上帝会惩罚我的。"

一口痰毁了一项合同，看来讲文明、讲素质对个人重要，对单位也至关重要。个人形象是一个仪容、表情、举止、服饰、谈吐、教养的集合，而礼仪在上述诸方面都有自己独有的规范。因此学习礼仪，无疑将有益于人们更好地、更规范地设计个人形象，维护个人形象，更充分地展示个人的良好教养与优雅风度。另外，下面几种不文明、不雅观的行为也应该注意和改掉：

打哈欠。当你与人谈话的时候，尤其是对方在滔滔不绝地发表意见时，你却不时打哈欠，这会引起对方不快。他对你的印象是：你不是疲倦了，而是不耐烦了。

掏耳和挖鼻。大家在一块谈论，或喝茶、吃东西的时候，你掏耳朵、挖鼻子的动作，既不雅和失礼，还使人感到恶心。

剔牙。宴会上或多人在一块闲坐，不要大大咧咧剔牙，更不要把碎屑乱吐。这样做别人很厌恶。

搔头皮。社交场合切忌搔头皮，搔头皮必然头屑飞落，这不仅难看，而且令旁人大为不快。搔头皮在社交场合是很失礼的。特别是在宴会上，或者严肃、庄重的场合，这样做令人非常反感。

双腿抖动。这种小动作虽无伤大雅，但两腿颤动不停，会使对方觉得不舒服，也会给人情绪不安的感觉。这也是失礼的。同样，让跷起的腿钟摆似的打秋千也是相当难看的姿态。

频频看表。与人交谈时，若无其他重要约会，最好少看自己的手表，这样做会使对方认为你还有别的重要事情，不会使谈话继续下去；再者，这样做会引起对方误会，认为你没有耐心再谈下去。如果你确有很重要的事，不妨婉转告诉对方改日再谈，并表示歉意。

改善人际关系

马克思曾经说过："社会是人们交往作用的产物。"没有社交活动，人类的生活是不可想象的。人们参加社交活动，多为调节紧张的生活，建立友谊，交流感情，融洽关系，广结良友，增长见识，扩展信息，现代化的社会对人们的社交提出了新的要求，社会越发展，物质越丰富，人们社交的需要就会越显示出它的价值。而处在社交活动中的每个人的仪表、仪态及对礼仪知识的了解也变得极其重要。一个人只要同其他人打交道，就不能不讲礼仪，不能不尊重相关习俗。运用礼仪，除了可以使个人在交际活动中充满自信，胸有成竹，处变不惊之外，其最大的好处就在于，它能够帮助人们规范彼此的交际活动，更好地向交往对象表达自己的尊重、敬佩、友好与善意，增进大家彼此之间的了解与信任。礼仪礼貌与习俗，以现代人的眼光观察，是一种信息传递，它可以以闪电般的速度把你的尊重之情准确表达出来并传递给对方，使双方立即获得情感上的满足，与此同时，礼貌又反馈回来——对方以礼貌回敬。于是，双方热情之火点燃了，支持与协作便开始了。假如人皆如此，长此以往地进一步发展，帮助人们更好地取得交际成功，进而造就和谐、完善的人际关系，取得事业的成功。

塑造组织形象

良好的组织形象是任何组织刻意追求的目标，组织形象的塑造处处都需要礼仪。比如，你想和某一单位联系业务，当你拨打电话竟无人接或铃响时间较长才有人接时，你会对该单位产生一种印象——工作效率不高、制度不健全、员工素质不高等。反之，当你一拨通电话，听到对方得体的称谓，礼貌的语言，简洁干练的回答，你立即会有一种亲切之感。

组织形象常常是在不经意间体现并塑造出来的，整洁优雅的环境，宽敞明亮、井然有序的办公室，员工色彩柔和的服饰及彬彬有礼的风度，富有特色的广告等，都会给公众留下深刻的印象。礼仪则是通过员工的仪容外表、言谈举止、礼貌礼节、仪式及活动过程表现出来，它是塑造组织形象的基础工程。任何不讲究礼仪习俗的组织，都不可能获得良好的社会形象。

组织通过各种规范化的礼仪习俗，还可以激发员工对组织的自豪感，增强组织的凝聚力、向心力。如松下公司创作了自己的"松下之歌""松下社训"，每天早晨8点钟，遍布各地的松下企业员工一起高唱松下歌曲，使每一名员工都以自己是松下的员工而感到光荣。目前，我国许多企业通过统一企业标识、统一企业服装、统一色彩等，塑造组织统一的社会形象，也使组织的员工自觉地维护组织的形象；组织通过开业庆典、周年纪念、表彰大会等仪式，激发员工对本组织的了解、热爱、加深感情。毋庸置疑，礼仪在塑造组织形象中的作用是不可小觑的。

建设精神文明

世界各国和各民族都十分重视交往时的礼仪习俗，把它作为一个国家和民族文明程度的重要标志。正如古人所说："礼义廉耻，国之四维。"礼仪是立国的精神要素之本。在社会主义精神文明建设中，尊重礼仪习俗，注重礼貌是最基本的要求，它对建设精神文明大厦起着基础作用。只有基础打得扎实，大厦才能巩固。随着我国改革开放的深入和社会主义市场经济体制的确立及我国加入世贸组织，我国经济发展与国际接轨的步伐正在加快，这些都对我国精神文明建设提出了更高的要求。只有提高中华民族整体的文明礼貌素质，才能营造一个良好的社会环境和人际关系，吸引更多的外资和促进国际贸易往来，从而推动我国经济发展。提倡讲究礼仪礼节，做到文明礼貌，必将有利于促进社会主义精神文明建设。多年来，我国大中城市及县城、镇（乡）就是从礼仪教育和移风易俗入手，提高市民和民众的文明素质，推动精神文明建设的。岐山县在此方面更是成就斐然，广大农村一派文明礼仪新景象，精神文明建设成效显著，获誉不断。

第五章 礼俗文化的演变与传承

　　发源于岐山的礼俗文化陶冶着一代又一代在此生息的子民，礼俗文化被子民们以多种形式传承发展，使这里到处弥漫着浓浓的礼俗文化韵味，"礼仪之乡"已成为岐山一张亮丽的名片。

生活礼俗

生活礼俗是中国传统文化中寓礼于俗、以礼节俗的生活文化模式，它涵盖了中国传统文化的诸多方面，包括但不限于社会交往、人生大事、宗教信仰等。这些礼俗是人们在社会生活中约定俗成的行为准则和规范，旨在建立和谐的人际关系。

祈福之礼

祈福之礼是祝祈福祥之礼，也称祭祀之礼。古人认为，天地间的神鬼主宰着人世间的一切，包括国家的兴衰存亡，如果人们以恭恭敬敬的态度向神鬼奉上美好的食物、器物供其享用，那么神鬼便会满足人们消灾降福的祈求，并可保佑人们的安康以及国家的安宁与兴旺。据《周礼·春官·大宗伯》记载，周代国家专门设立了"掌建邦之天神、人鬼、地示之礼"的大宗伯一职以及其他和祭祀有关的职位，可见祭祀之礼在周代的重要地位。祈福之礼虽然是一种迷信活动，但具有巩固封建统治意义，也体现了古人对于人生的一些积极要求，同时表达了人民希望过上安宁富足生活的美好愿望。如祭祀风雨雷电是为了祈求风调雨顺、五谷丰登；祭祀司中，是为了免除灾咎；祭祀寿星，是为了祈求长寿。祈福之礼从古到今一直沿用着，北京的天坛祈年殿就是古代帝王祭天祈福的，陕西岐山一带的人们吃臊子面时在土地爷前"泼"汤就是祭地的，庙会上有的求财、有的祈祥、有的求学，这些习俗都是古代祈福之礼的再现和延续。

待客之礼

根据《周礼》记载，古代待客之礼有八种。春朝、夏宗、秋觐、冬遇、时会、殷同等六种礼节的公、侯、伯、子、男五等诸侯朝觐天子以及诸侯之间互相朝觐之礼。另外，时聘（有事而派遣使者存问看望）、殷（多国使者同时聘问）两种礼节，为诸侯派遣使者出使聘问天子以及他国诸侯之礼，称为聘礼。还有一种礼，叫士相见礼，是指古人初次拜访地位相同者，或者拜访地位高者一定要执禽挚（禽挚中有羔、雉、雁等，以此为礼物）前往，以示诚敬。而与拜访者地位相当的受访者，一定要回访、还礼。《仪礼·士相见礼》十分强调人际交往中的诚敬，这是中国人追求平等回报、崇尚礼尚往来美德的体现，是融洽亲朋关系，加深情感的重要方式。在陕西岐山，以礼待客、互相尊重的传统从未间断。现在春节时每家每户的拿礼物走亲戚以及置办筵席"待客"，这些习俗就是对过去周人待客之礼的继承。

乡饮酒礼

乡饮酒礼是周代在乡里举行宴饮时的一种礼仪，它负有宣布政令、选拔贤能、敬老尊长等作用。据《礼记》和《周礼》记载，乡饮酒礼重在于宴饮之中体现举贤敬能、尊老尚齿的思想，以教化百姓、激励青年后学。礼仪中，宾主的设立、宾主位的安排、揖礼之礼的次数都有详细讲究和规定，体现了古人以礼法天的思想。从乡饮酒礼的内容和仪式看，乡饮酒礼也是一种敬贤尊老之礼，在具有尊老敬贤传统的中国社会流传长远。岐山等地的人们凡家中有喜庆乃至丧葬之事，宴请宾客，都要设酒款待，在上主食前，须先饮酒。这些风俗，都是周代乡饮酒礼的延续。

伦常之礼

周礼极其重视伦常关系之礼。周礼认为父子、夫妻、兄弟、朋友、君臣这五种人与人之间的伦常关系，是每个人都不可脱离的最基本关系，在这些关系中，如果人人都能心怀仁、义、礼、智、信这五种常德，各尽其责，便会形成良好的社会风气，从而建立和谐有序且安定的社会秩序。父慈子孝。父母对子女的慈爱体现在日常生活的关爱及严格的教育之上，后者最为重要；反过来，子女感恩父母的养育与关爱，应回报以孝道，以恭顺、尊敬之态，奉养父母至终老。兄友弟恭。长兄如父，兄长要有父亲般的慈爱，同样还要担负起父亲一样的教育责任，关心弟弟身心各方面的成长，从而引导弟弟的立身处事。反过来，弟弟则应对兄长恭敬、顺从，并怀报答之情。师教生尊。作为老师，必须有"传道、授业、解惑"的责任，同时还要善于教育学生，教给学生做人之法、处世之道，反过来学生必须尊敬老师，视老师为父母，终生不忘老师的教育之恩。伦常之礼中的父慈子孝、兄友弟恭、师教生尊，是中华民族的万古不废之礼，在今天更应该予以提倡，以促进中华民族文明礼仪的发扬光大。"君仁臣忠""夫义妇从"也属于伦常之礼的范畴，但属于封建落后的思想，现已不宜提倡和效法。

饮食礼俗

民以食为天。早在西周时，古人就习惯把日常饮食分为饮和食两大部分。据传从那时起，周人不仅将饮食生活的内容纳入社稷、宗庙诸祭及诸侯朝觐、会同等重大的政治、宗教礼仪活动中，而且制定了一整套饮食礼仪，如燕礼、食礼、禘礼、乡饮酒礼等。

《诗经·小雅》中有五篇写了饮食习俗。《诗经·小雅·伐木》描述了周人伐木欢饮的情景："于粲洒扫，陈馈八簋""酾酒有衍，笾豆有践。"意思是说环境十分清洁，陈列的食品有八碗，滤酒很丰满，盛食品的竹器列成行。古人将饮食分为四部分，即食、膳、馐、饮。其中"食"指五谷做的饭；"膳"指用六畜制成的肉食佳肴；"馐"又称百馐，指以粮食为主料所制多种精美素食；"饮"是古代饮料的总称。这些食物包括五谷五菜五饮，六畜八珍。"五谷"指麦、黍、稻、稷、菽五种粮食作物；"五菜"指韭、葱、葵、薤、蒜五种蔬菜；"五饮"指水、浆、酒、酪、酏五种古代饮料；"六畜"指牛、马、羊、猪、鸡、狗六种肉食动物；"八珍"指龙肝、凤髓、豹胎、鲤尾、猩唇、熊掌、酥酪、鸟舌八种古时不易得之的珍贵食品。古代饮品——酒，已有4000余年历史。《黄帝内经》中记有黄帝与医家岐伯（岐山人）讨论造酒的话题，到了西周，已有专门酿酒的部门和管理人员，酿酒技术已达到相当高的水平。

古人饮食有严格的等级区别、正规场合，饮食自由受到较严限制。如《国语》记载，天子吃牛、羊、猪，诸侯食牛，卿食羊，大夫食猪，士食鱼干肉，庶民只可吃蔬菜。往往地位越高，菜肴的数目则越多，食物也越精美。西周形成的饮食文化礼俗，大都被历朝历代所因袭传承，岐地乃渊源之地，因而形成了独特精美的名吃佳肴及深厚丰富的饮食民俗文化积淀。

岐山美食

在岐地，人们一日三餐由来已久。膳食重于主食，副食从来处于搭配和点缀的位置，对饮料很少讲究。调味品除油盐外，以醋和辣面为独到。古籍记载，秦以前人们每天只吃两顿饭，且有严格的时间规定，否则被看作失礼行为。汉朝后，才开始盛行每日三餐。岐山人把早饭叫"早晌饭"，午饭叫"晌午饭"，晚饭叫"喝汤"。

岐山自古盛产小麦，秋种玉米、高粱、谷、豆等杂粮。膳食的种类很多，仅从操作方法上讲，就有蒸、烙、煎、炒、焙、炕、炸、摊、焖、煮、熬、馇、搅、淋、溢、擀、扯、铡、搓、压、包等。粗米淡饭，精工细做，历来是本地主妇的擅长。饮食民俗中，岐山"八怪"别具一格。即"锅盔馍，像锅盖；擀面条，像腰带；臊子面回汤把客待；御京粉皇上吃了爱；纳礼须把挂面带；搅团要搅七十二圈外；辣子当作上等菜；醋粕要用旧衣盖。"这一民谣，从侧面彰显出岐山饮食文化历史积淀深厚，源远流长的特色。岐山早、晚饭由于家境不同，所食各异，晌午饭多以面条为主。岐山人吃面成为习惯，司厨以女人为主。女孩从小就学擀面。民歌唱道："蜂酿蜜，鸡下蛋，我娘教我学擀面，掘硬揉光再全面，轻推慢拉要转圈。薄如纸，细如线，下在锅里如花瓣，挑在筷上似条线，我娘夸我真能干。"学擀面，就使女孩在成为女人的成长中，先期掌握在当地生活最主要的技艺。现虽有了压面机，但擀面的手艺人尤其是女人还得学会，因不少人喜欢吃手擀面。在岐山人的生活中，"一天不吃面，就像没吃饭"。旧时，由于粗细粮占口粮成分的比例，人们生活必须随条件被动调配，一般家境，只能达到"一天搅团一天面，隔三岔五吃米饭"（米饭，系用糜、谷碾米熬成的稠粥）。仅面而分，则有臊子面、辣子面、油泼面、蒜水面、浆水面、揪片面、挂面、麻食面、棋花面、饼饼面、绿面、饸饹面、米下面等。岐山民众长期受周礼的熏陶，饮食民俗文化中，有礼有节的"礼"教风俗，处处可见。崇尚礼仪，尊老爱幼，与人为善，与邻为伴已成传统。饭做好后，第一碗要双手捧给辈分大者或年长者，并要说："您先尝调和。"筷子须置于碗中央且要齐，捧饭顺序先老后少，先男后女。饭时，家里若来邻居，必端一碗饭或捧一块馍，让来人同吃，即使来人已吃过饭，也必须吃少许，以示睦邻友好。早年每逢收种季节，岐地人还有送"喝祭"的习俗。农人鸡鸣即起，下田耕种，太阳初升，家人便携笼提罐送喝祭于田头地畔。喝祭主食为油饼或锅盔、蒸馍，汤为荷包蛋酸汤或扁豆拌汤、麦仁汤等。食之前，向地内泼洒些汤水，以示祭天祭地祭稼穑之神，以祈求五谷丰登。此风俗源于周公郊祀后稷，《礼记》载："郊之祭也，大报本反始也。"后稷是周人祖先，他又是农业的发明倡导者，给人们带来了福音。所以，每年王室要祭祀他，后来发展到民间。《诗经》中《良耜》《大田》《载芟》等篇就抒写了收种期间，送饭及祭祀："千耦其耘……有畟其耜。……为酒为醴，烝畀祖妣，以洽百礼。"意思是成千对人在除草，欢快地吃送来的饭食……做成酒和甜酒，祭祀祖妣以合各种祭礼（《诗经·周颂·载芟》）。"以其妇子，馌彼南亩，田畯至喜。来方禋祀……"意思是耕种时，农夫叫他老婆孩子送饭到田间，田官看了很高兴，来此将于大祭（《诗经·小雅·大田》）。岐地的食俗中，有许多禁忌，如忌用筷子敲碗，忌饭菜掉地上后用脚踩踏；忌一支筷子吃饭；忌吃馍剥皮；忌卧姿吃饭；忌红白喜事宴席上打碎餐具等。这些禁忌，有的富含礼仪之举，有的则蕴藏着对粮食的珍惜。

岐地自古就有"无酒不成礼"的文化传统，饮酒习俗传承着西周礼仪风俗。一是作为祭祀之饮，凡逢重大节日，首先用酒祭天、祭地、祭祖先。逢婚嫁，必须用酒去祭祖，遇丧葬，从勾穴、打墓到安葬，均须携壶盛酒，在坟地周围破酒祭之，即俗谓"祭土神"。筑墙合龙口时，以酒洒墙，名曰"合龙酒"；建房上梁时，以酒浇梁，名曰"上梁酒"；还有砌脊苫瓦时的"龙口酒"等。二是作为宴请之饮，凡家中喜庆如儿女结婚、老人做寿、孩子满月、乔迁新居等及丧葬之事宴请宾客，须设酒款待，上主食之前，须先饮酒。三是作为节日之饮，如春节期间"族酒"（大年三十晚上同族人欢聚一堂，共同饮酒）、"家酒"（一家人在一起同饮酒）、"敬酒"（即携酒去敬奉老人及家族中的长辈）等。

饮茶在岐地也由来已久。史料载，茶是炎帝神农氏尝百草发现的。古人最初将茶当作一种药材。茶从药转为一种饮品，据考证是在西汉时期。王褒在《僮约》中有"烹茶尽具，酺已盖藏"和"武阳买茶"的说法，反映了当时社会买茶、煮茶的情景。茶主要产地在秦岭以南长江流域，茶先在南方贵族圈内饮用。到唐代，饮茶之风极盛，并专设茶馆，饮茶遍及全国。但饮茶方法烦琐，多于官宦豪绅之家。后由于广种茶树，饮法简化，庶民亦广泛饮用。过去，岐山民间把饮茶叫"喝"，冲泡茶水叫"泼"，即投小撮茶叶于大壶或瓦罐之中，注满开水。这种茶水色浅味寡，用于田间及其他劳作人多时饮用。也有喜喝酽茶者，多为年长或体弱之人。下地前，燃起土垒之炉，架上小壶，熬成茶水色若陈醋，味似苦汁，俗称"罐罐茶"，抿之喝茶，提神壮劲，干活不困不乏。现在，岐地民间逢喜庆、丧葬大事，主家大门口必置茶炉，设几摆凳，由年长者专门以茶水招待宾客。

岐山吃食中对调料是很讲究的。尤其对酸、辣情有独钟。大家知道，岐山"臊子面"的特色之一就是酸、辣、香。秦椒系本地乡土特产，种植已久，食醋为家酿，现也有多家企业在做。工序见繁，得上品极难。远古的人们，并不知制醋。据说酿醋源于酿酒，作为宴饮及祭祀之用。有一户酿酒时失误，使酒味变酸，周公在视察民情时，进入这户人家，家主情急，捧出此"酒"以待。孰料周公品尝后，倒觉得别有风味，并加以褒奖。歪打正着，这酸味的酒，倒成了另一种佳酿，随之有人效仿。直到如今，岐山人形容事没做好被人似夸而给予嘲笑时，便说："这事酿酸咧！"

汉时，醋已成为大众化的调味品，当时把醋叫"醯"，酿技也不断翻新，据《齐民要术》载，到魏晋时已达数十种之多。"醋粕要用旧衣盖"，则是岐地人酿醋的传统风俗。传说姜子牙封完神，其妻跑来求封，姜子牙便封她为"醋坛神"，民间称为"醋家婆"，并在做醋时，燃烛、焚香、吊表敬奉，口中念念有词："醋家婆，你坐不，咱俩商量做醋呀，气不严，裤子没盖严。我烧米汤你尝味，我烧黄表你当钱。"农家做醋时筐筐醋粕上苫上烂衣旧裤，促使发热，醋淋罢，还要"泼汤"，即供奉臊子面于淋醋之处，以示祭谢。

在岐地，辣椒既为亮丽味美的膳食调味品，也是独特的蔬菜之一。辣椒初成，便开始逐渐采撷，直到椒谢。新鲜辣椒或烹炒、或生调，味美爽口，妙不可言。用鲜红的辣椒制成的辣子酱，则可长时间保存，当菜食用。用油泼辣子和成汁，蘸馍就饭，其味别致。尤其是用碾成细末的辣椒籽，裹入花卷馍之中，食之香荃可口。为此，在岐地"辣子当成上等菜"也就见怪不怪了。岐地民俗视辣椒为红火向上、赐吉避凶的吉祥物。乔迁挪屋，大门或房门旁或窗户上必挂一串红辣椒，亲戚前往祝贺，必带三撮红辣椒；婚嫁迎娶，男方去女方家时，礼袋内必带三撮用红线绑的辣椒。

岐山名吃的礼俗食品，除享誉神州的臊子面外，还有面皮、挂面、锅盔、搅团、醋粉、酒醅、饺子、八宝饭、糕子、曲联、面花等。

岐山面皮又叫御京粉、穰皮、凉皮等，系从唐代冷淘面演变而来，以白、薄、光、筋、软、香闻名遐迩。民间传说，唐代天文学家李淳风系岐邑李家道村人，他博学多闻，深得唐高宗赏识。其夫人做的岐山臊子面，高宗食后称天下第一美食。此艺便传给宫廷，后来高宗要李夫人再做一美食，李夫人便做了面皮，高宗食后赞不绝口。此后岐山面皮成了唐高宗专用食品。朝廷文武百官称这一食品为"御京粉"。史料载，清康熙年间，北郭乡八亩沟村民王同仁在清宫御膳房专做面皮（御京粉），他年老回籍，收徒传艺，但仅限本村之人。同（治）光（绪）年以后，方逐渐传播开来。本县以此为业者骤增，并外出经营。近年来制艺有大的创新，除传统的蒸皮外，尚有擀蒸、烙等品种。现岐山城镇面皮经营户不计其数。有游客说："到岐山不吃面皮，就会留下缺憾。"

岐山挂面称空心挂面。工艺独特，以细、韧、入水不糊为特色。种类有细面、韭叶面、宽面等。原来是逢年过节、走亲访友礼仪之佳品。"挂"字的古体字有几种，皆与"圭"有关。圭为古代一种玉器，上尖下方，是周代贵族举行礼仪时的一种礼物，以示心地坦荡。庶民无圭便以挂面代圭作为珍贵礼品，直到如今，春节时女婿给丈人家、外甥给舅家纳礼（走亲戚），无论其他礼品多么丰厚，须带一份挂面，否则被视为"失礼"，这一习俗乃是周礼的延续，同时岐山挂面之所以是美食，主要还在于其独特的工艺。清代，岐山挂面已形成较有规模的作坊。道光年间，山西稷山县人马金定兄弟二人来岐经商，几年后经营岐山挂面，生意兴隆，遂开设顺天成作坊，并聘县内北太慈村郭世魁、孔治波为面匠。他们专选前茬苜蓿地长出的紫麦做原料，制出的挂面纤细柔韧爽口，声誉大振。咸丰时县城附近经营此业者颇多，制作工艺愈来愈精，地方官吏将其列为贡品，每年按例向朝廷进贡。传说慈禧太后喜食岐山挂面，常命御膳房奉之。有次慈禧太后派李莲英催讨，偏偏这次煮面厨师打盹，醒后锅水已干，厨师吓出一身冷汗，急从火上端下，谁知揭锅一看，竟未煮烂，别的厨师为他庆幸道："多亏是岐山面，换成别的面，早成一锅糨糊，非掉脑袋不可！"事后这位厨师专门托人送了两丈黄绫给顺天号，感谢岐山挂面救命之恩。1931年，岐山挂面远涉重洋，参加了在美国旧金山举办的万国博览会，深为华侨们赞赏。当时全县以此为业者多居乡间，计120家，年产百万余斤。1982年后，县内挂面专业户星罗棋布，使这一名吃更显异彩。更让岐山人感到无比自豪和荣耀的是，2001年元月6日至7日时任国务院副总理的温家宝同志，冒着严寒来岐山视察工作，深入农户访贫问苦，给老百姓拜年。其间到马江挂面专业村考察，体现了国家领导人与农户心心相印的感人情景。

岐山锅盔，以干、酥、香著称。其径逾二尺，厚过寸许，纹若武士盔甲，壮似穿起锅盖，故称锅盔。岐山锅盔的起源《诗经·大雅·公刘》中有描述，周的先祖公刘率族人大迁徙时，"乃裹餱粮，于橐于囊。"（餱：粮，干粮）意思是说，揉面烙成干粮，装满大橐（橐：没底的口袋，装上东西后用绳子扎住两头）、小囊（囊：有底的口袋），这干粮大约是锅盔的早期形态。人以干粮祭奠先祖迁徙之辛劳，且尊崇文王，故岐山锅盔又称文王锅盔。岐山锅盔因久存不硬不霉不变质，易于消化吸收，故旧时乃为民夫客商出远门必带的最佳食品。唐宋以来，岐邑为西达临洮，北上千（阳）陇（县）必经之地，过往商贾常携作路途吃用。民国时期，岐山乾儿锅盔享有盛誉，民众争相购买。乾儿锅盔为凤鸣镇王家巷人赵乾经营，其用料考究，麦面、调料、清油皆为上品，工艺始终遵法制作，成品松脆适口，油酥味美。食者莫不交口称赞。

糕子亦称"蒸礼""大礼"，系岐山民间联姻及贺寿之礼仪食品。联姻糕子每个重1.5~2斤许，底部做成莲花形，顶部开成四瓣状，花瓣涂以红色，寓缔结连理，四季祺瑞。凡订婚、送鞋面、结婚三大礼序，男方每次必送糕子12个，寓一年12个月，回盘（即回赠）为4个。订婚时所馈赠糕子，女方切成小块，送给亲戚及家门户族，以示女子订婚。送鞋面糕子，女方照样给亲戚及家门户族送，并告知婚期，亲戚、族人便始备"添箱"（即陪嫁礼品）。结婚之日，男方除给女方送糕子外，男方舅家、姑家、姐家等知己亲戚，贺礼中须有糕子，以示庄重与祝贺。贺寿糕子每个重1~1.5斤许，其卷成乌龟状，以示长寿；再用面团，精制成水果花卉，涂以艳丽色彩，嵌之顶部，栩栩如生，极富观赏性。老人过寿时，寿糕多为嫁出女儿与知己亲戚馈赠，祝愿老人寿比南山，吉祥安康。

岐山曲联又称囤联，是小孩满月过周岁之时重要礼仪食品。其取太极之形，含母乳之情，蕴圆满之意，寄繁衍之托。曲联由大小两圈组成，每圈粗若小瓷口，其上用木梳扎成连续循环的"S"形图案，中心加一奶头馍，涂以红点。两圈及奶头馍寓两家联姻成功，使新的生命诞生，"S"形寓生命繁衍不息，延续不断。岐地民间孩子满月时，舅家所馈赠礼品中必有曲联。其他亲戚也以曲联为贺礼。舅家进门后，第一项仪式即用曲联将孩子从头套到脚下，随之将孩子从曲联中抱出，以示孩子诸邪不侵，吉祥如意，长命百岁。午饭时，把舅家及亲戚们馈赠的曲联切成三角小块上席，让众人品赏，以示谢意。

宴饮礼俗

作为传统的古代宴饮礼俗，自有一定程序：主人折柬相邀，到期迎客于门外。宾客到时，互致问候，引入客厅小坐，敬以茶水、烟或点心。《清稗类钞·宴会》云："（客来）即就座，先以茶点及水旱烟敬茶，俟筵席陈设，主人乃肃客一一入席。"客齐后导客入座，以左为上，视为首席，相对首座为二座，首座之下为三座，二座之下为四座。客人坐定，由主人敬酒让菜，客人以礼相谢。席间斟酒上菜也有一定的讲究：应先敬长者和主宾，最后才是主人。男女同席时，则先女宾后再男宾。酒要斟至八分满为宜。上菜时要先上凉菜后上热菜。上全鸭、全鸡、全鱼等大菜时，不能把头尾朝向正主位。宴饮结束，主人要将客人让入客厅小坐、上茶、交谈至辞别。这种传统宴饮礼俗不仅在岐山，如今在我国大部分地区仍完整保留。

进食礼俗

进食礼俗在先秦时已有了非常严格的要求，直到现在。一般要坐得比尊者长者靠后，而进食时要坐得靠前一些，以免不慎掉落的食物弄脏了座席。主人不能先吃完撤下客人，要等客人吃毕才停止进食。宴饮完毕，客人须自己跪立在食案前，整理好自己所用的餐具及剩下的食物，交给主人的仆从，或拿到厨房去。更有"共食不绝""共饭不泽手""毋口它食""毋啮骨""毋投与狗骨""无扬饭""毋刺齿""当食不叹"等许多饮食礼俗，这些进食礼俗曾作为许多家庭的家训，代代相传。食礼为先，食礼是饮膳宴筵方面的社会规范与典章制度，餐饮活动中的文明教养与交际准则，体现了赴宴人与东道主的仪表、风度、神态和气质。

席间雅兴。中国人不仅讲究吃，还讲究吃的艺术。一桌饮席不仅要吃得有滋味，还要吃得有兴致、有水平。如果一人坐于席上，或大汗淋漓、挥汗咀嚼，或谈吐粗鲁、举止不雅，那岂不是在暴殄天物。诗仙李白《春夜宴从弟桃花园序》云："幽赏未已，高谈转清。开琼筵以坐花，飞羽觞而醉月。"只有这样的雅兴、逸兴，才能使筵席增味外之味，益然无比。诗文宴饮，大多为文雅之士而为之。此时食客既要席宴的吃情，又要有应时的才情。早在先秦之时，就有以赋诗为宴饮增趣的。《春秋左传》记载，齐国国君与晋国国君欢宴，席上晋国大夫荀吴赋诗曰："有酒如淮，有肉如坻。寡君中此，为诸侯师。"齐君也赋诗曰："有酒如渑，有肉如陵。寡人中此，与君代兴。"两人均赋诗颂扬自己的国家，在这样的豪情之中不禁大增宴席的雅兴。不仅诗如此，文亦然。唐朝著名诗人王勃在宴会上文情大发，挥毫泼墨，留下了千古绝唱《滕王阁序》。可想而知，赋文之后的宴席定会别有兴味。诗文言志，宴饮吃情，在席间饮酒欢宴，赋诗撰文，真应了那句"醉翁之意不在酒，在乎山水之间也"。为筵席助兴，除了音乐舞蹈或赋诗撰文外，古人席间还有种种雅致的游乐，有的甚至流传至今。如礼射、投壶、流觞、传花、酒令、剑、看戏、划拳、征联、说笑话、射覆、抛球、骰子、酒胡子……这些游乐活动虽大多与饮酒关系不甚密切，但却无不为宴席增添无限趣味。

岐山民俗

　　岐山的民间，深植了周文化根基，岐山民间的婚丧嫁娶、生育、贺寿、庙会、节庆等民俗，带着岐地人自古以来的崇德尚礼的文化理念，渗进了新文化的滋润，是一种尽情的抒发，是黄河激浪般的宣泄，是一种和着周礼周乐的肃雍和博大。岐山是周文化的发祥地，是一代元圣周公制礼作乐的圣地。"礼"，包括了吉礼、凶礼、宾礼、军礼、嘉礼等，早已融入人们日常生活中，形成了独特的西岐礼仪习俗。"乐"，包括了乐曲、诗歌、舞蹈等诸多方面的艺术活动，用以引导思想，抒发感情，激励意志，调节生活。乐经现在虽已失传，但根据《吕氏春秋·古乐》记载，周公曾作《大武》之乐，《大武》是为赞美武王克商的巨大功劳用鼓乐来演奏的大曲，共15章，规模宏大，气势磅礴，是《周颂》中的代表作。今天能见到的《诗经·周颂·武》即《大武》乐章之一"成"。

岐山锣鼓历经数千年岁月的荡涤洗礼，更显得激昂雄壮，阵仗恢宏，是岐山人生活与情操"真"的昭示，"美"的流溢，"力"的张扬。岐山的鼓手，将拉在车上的大鼓擂得震耳欲聋，先导着鼓的长阵，将这来自远古的声音弄出山摇地动的威势。岐山的社火，将生活的潮流装扮出巨大造型，款款地游演出绿树红楼的新村，让站在高芯子上的孩童，披霞摘星，凌风踏云，触摸着万里春光，尽情地表露出人们对未来的无限向往。岐山曲子、剪纸和窗花，过去的岁月只是生活的点缀，如今看来，原来也是周风拂过有细草，是岐人情感的心结。岐山的庙会寄托着人们对幸福生活的企盼，对风调雨顺、国泰民安的美好祝愿。周原的沃土，是艺术奇葩的园地，是历史神话的舞台。它孕育了多姿多彩的西岐民俗，丰富了人们的日常生活。

结婚礼俗

婚姻是人类繁衍的大事。人类从起源到进入文明时代，其婚姻的习俗有三个时期，即蒙昧时代的群婚期，野蛮时代的对偶婚期，文明时代以来的一夫多妻和一夫一妻制婚期。其发展又经历了五个阶段，原始部落的乱婚、血缘群婚、族外婚、对偶婚、一夫一妻制。

在人类社会各个阶段，由于经济、制度、文化不断发展变异，婚姻在不同地区和民族中习俗不一，先后出现过各种婚配形式。如掠夺婚、买卖婚、表亲婚、聘娶婚、转房婚、入赘婚、招养夫婚、童养媳婚、小女婿婚、典妻婚、指腹婚、冲喜婚、共妻婚、合荐婚、合家婚、自愿婚、服役婚、冥婚、望门婚、试验婚等。这些婚姻形式交错进行，有些事象以至整个时代，经历了漫长的历史，至今仍然有完整的留存。

婚姻遵循的礼法，《礼记》中明确提到应依"六礼"而行，即纳采、问名、纳吉、纳征、请期、亲迎。人们通常办婚事时贴出门额：六礼告成，就指按照礼法从订婚到结婚的事宜已经完成。

岐山是周礼之乡。数千年来，婚嫁均循"六礼"规范。"六礼"作为周礼在婚姻方面的规范，传为周公所制。

岐地婚俗，经祖辈相传，逐渐形成了当地独特的形式。随着时代的变革和社会的不断发展，婚俗的内容也不断地有所增添和丰富。同时，又始终保持着岐山的风土民情。纵观整个婚俗，有下面六个特点：

决于吉。从提亲到亲迎的"六礼"告成无不求卜。卜得吉兆，始可成婚。如纳采选吉祥人家；问名是以男女双方八字预卜，纳吉是选吉日定亲；纳征必选择好日子；请期是卜得吉月吉日吉时，亲迎更要卜其喜神方位、上头时辰等。书写卜云其吉、梳妆大吉、吉人天相等。

成于礼。完婚要达到"六礼"告成，缺一不可，岐山人把礼俗叫"规程""礼数"等。事事处处都以礼为准则，迎送招待，无不以礼为先，人的仪态、语言、行动、服饰以及宴会、果品皆要尽到"礼数"。结婚用语，如纳礼、回礼、喝礼、礼单、礼桌、礼品、礼让等都离不开"礼"字。

居于喜。结婚是合两姓之好，其喜一；添人增口，其喜二；传宗接代，其喜三；了却双方父母心愿，其喜四。既然完婚这一事象是喜，因而相关的事物均冠以喜，如喜事、喜酒、喜币、喜布、喜帖、喜帽等。

合于义。夫妇结合于义，俗话说有情有义，义字承载了夫妻之间的责任，维系和巩固着夫妻感情和夫妻关系的基础。

守于信。信是夫妇结婚所祈求的最高愿望，即"偕老百年""白头到老"。如纳吉中，给"答针"（即信物礼品——手帕、鞋垫等）。媒妁变为信使互通双方消息。尤其拜天地，在祭告天地神祇、祖先时，家族中人及亲友均在场，当众宣布一对新人的结合，即名正言顺，这种形式实质上是新夫妇对自己婚姻的宣言和盟誓。

导于嬉。嬉戏表现在闹洞房。岐山人俗称"耍房"。在过去是对新婚夫妻生活的开导，现今逐渐成为同龄人活跃气氛的活动。

岐地婚俗礼仪，延续着周礼周风，不断焕发着时代变迁的新鲜气息，成为岐山人生活中一幕绚丽的场景。

过去，岐地婚俗，一般都是遵循"六礼"规范，其中闪烁着本地特有的风俗色彩的斑斓。

纳采。即男家请媒人向女家发出求婚的意思，就是俗称的"说媒""提亲"。《礼仪·士昏礼》中记为"昏礼下达，纳采用雁"。

《礼记·坊记》诗云："伐柯如之何？匪斧不克，取妻如之何？匪媒不得。"古代正式订婚以雁为礼，认为雁是候鸟，顺阴阳往来，不失其节。或飞于空中，或落在地上，列队成形，长幼有序。雁失偶后，终生不再成双。以雁为礼，象征男婚女嫁，顺乎阴阳，并取其忠贞之意。后来，因雁有极大的局限性，多用戒指、镯子、彩绸作为吉礼信物。这一礼是男家请媒人向女家提亲，女家答应议婚后，男家备礼去求婚。在岐山婚俗中，纳采的方式是：

择婚。当男子年至十五时，其父母即为择婚，依据自家的社会地位、经济条件等，选寻门当户对的女家。岐山人俗谓给儿子"定婚妇"、给女子"寻主儿"，即到了法定结婚年龄开始安排相亲。

通婚。男家选定女家后，即托媒人前往女家征求意见。女家父母根据媒人所介绍男家的具体情况，再进行详细了解，特别是对男方的家风，为人品德，孩子长相、性格、健康等方面都感到满意，便答应议婚，再经媒人告知男家。这一程序是由男女双方的父母和媒人进行的。所以就留下婚姻是由父母之命、媒妁之主定的礼俗。追溯历史，媒人大约在2000多年前的周朝就已经存在了。据《周礼·地官·媒氏》:"媒氏掌万民之制。凡男子自成名以上,皆书年、月、日、名焉。"《周礼·坊记》说:"男女无媒不交",这说明非媒不成婚。2000多年来,"男女婚姻,必有行媒"就这样一直延续下来,媒人也成为婚姻礼俗中首先出场的角色。

背看。是男女双方父母进行的一项活动。男女双方父母虽经媒人从中介绍对方情况,彼此有一定的了解,初步同意议婚,但为了慎重其事,还做非正式接触的多方了解打听,即背看。在媒人有意识地安排下,男女双方的父母对男女双方相互进行观察,经背看中意,最后才确定正式议婚。

问名。男方向女方询问被求婚女子的姓名、排行、出生年月日时等,礼俗叫"问名"。《仪礼·士昏礼》:"宾执雁,请问名。"郑玄注:"问名者,将归卜其吉凶。"男方请媒人问清女子的名字和出生时间,并依据女子的生辰八字,以卜其吉凶,决定是否可以合婚。

纳吉。《仪礼·士昏礼》:"纳吉用雁,如纳采礼。"男方经过"问名",仪礼的议程再进行卜算,得到吉兆之后,备礼告知女家,决定缔结婚约,这就是纳吉的含义。这一议程随着时代的发展,对卜算决定吉凶的认识有了很大的转变,只在"压庚帖"后,特别重视相亲这一礼俗。先只是男方相女家女子,后来逐渐发展为不但男方家长相亲,而且带儿子一同相亲,相亲的活动不再是单方面的,而是双方相互进行相亲。相亲在媒人的作用下,双方选择吉日正面接触。男方叫"看媳妇",在选定吉日的当天中午进行。

纳征。通过"纳吉"礼,男女双方确定了婚姻关系,男方要选择吉日送聘礼到女家,这就是"纳征"礼俗。所谓"征",就是"成"的意思。《礼记·昏义》郑玄注:"征,成也。使使者纳币以成婚。"币,指皮、帛等物，亦称"纳币"。即俗称送礼，就是纳吉之后，男家的聘礼送女家。"纳征"是六礼以男方付给女方身价为主要特征的活动，是旧礼教下变相买卖婚姻的具体表现。男女双方婚姻的成败，完全取决于此。纳征的数额上无限量，可多可少，旧时岐地的聘礼一般分为全礼或半礼。全礼就是以全年月数之倍（即二十四），以当时的流通货币，作为彩礼。半礼即全年月数之总和（十二）。数额上家家有别。聘礼的构成有彩礼、衣料、棉花（十斤）、装饰品、酒肉、食品等。男女双方年龄达到冠笄，一般要提前送"鞋面"。"鞋面"东西很多，如衣料、里子布、五花线、鞋面布、被子面、褥子单子布、壮棉花、鞋袜以及香皂、化妆品等。

请期。请期是确定成婚日期的礼俗。《礼仪·昏义》郑玄注："夫家必先卜之，得吉兆，乃使使者往辞，即告之。"男家在纳征之后，择定婚期，备礼以告女家，求其同意。确定成婚佳期，按俗规还得请阴阳先生"批八字"、打婚单，即依据男女双方生辰时分来批八字，选择日子必须对双方都没有伤克。岐地人以礼"请期"，也就是双方议定婚期。一般习惯选择在当年的十二月末或次年正月上旬，这样选定一方面可使子女得到满岁，另一方面可以调节双岁不戴花的忌俗。结婚一定要使子女成单岁（如15岁、17岁）等，同时还可以借助农闲和春节之机，使人有时间准备结婚的相关事宜。婚期确定后，男方要请阴阳先生写婚书。

迎亲。男家是娶媳妇，女家是起发女子，这一仪程是"六礼"的最后一礼，内容丰富多彩，礼仪颇多。旧时，岐地迎亲，新郎并不亲至女家迎娶，本家人也不去，多为选亲友代行。其实，迎娶的主要事项为下帖、送箱子、上坟、开脸、迎亲、上轿、下轿、挂门帘、拜天地、宴筵、传统婚筵、谢媒、要房、请女婿等，如此众多"礼仪"，恕不一一赘述，只把传统婚筵及请女婿作以简释。

传统婚筵。旧时，岐地民俗婚饭的讲究，重点在午宴。筵席规程分为三等，官宦之家为海菜席，富商绅士之家设肘肚席，这两种俗称"上桌饭"，以喝酒吃菜为主，饭为辅，普通人家则吃"十碗饭"。

"十碗饭"

喝酒菜：九碟子，四个水菜碟，放于四角，再配四个小碟，内实垒肘子、冻肉等，中放一大合盘。

饭：四碗熬菜（上苫大肉作四柱），凉菜一碗，炒菜一碗，黄花一碗（汤），烧白一碗（汤），大肠一碗（汤），肉丸子（汤）（也叫四个稀碗）合成十碗。饭上馍随，或有米汤与茶水。

"肘肚饭"

喝酒菜：四个干菜（红菜、绿菜、发菜、鹿角），放在桌四角，相同的实垒冻肉、肘子、鹅项、香肠四菜，中间放一大合盘，共九个，一次摆上。

随后，鸡、肚、肘、丸四个汤菜与江米、炒肉片、炒肉丝、烧三样（缩肉），共为八菜。此外，还可再上四、六、八、十个小菜，越丰盛，套数越多。

饭：五碗一品，条子肉两碗，炒菜两碗，凉菜一碗，中间放一大品，内盛三仙汤。

馍茶随上。

"海菜饭"

喝酒菜：在肘肚饭的八个喝酒菜中再加上烧鱿鱼、烧海参、烧姜直（鳝鱼）、鱼肚汤四个菜，共为十二个菜。另外还可上四、六、八、十个小菜。

饭：五碗一品，两碗条子肉，两碗炒菜，一碗凉菜，中间放一火锅，火锅内装海菜汤或鱿鱼汤或鱼肚汤，但必须与鸡汤相合而用，否则有腥气。

馍茶随饭而上。

其实各种饭是个名目，可随上的小菜几十种，视各家准备情况而止。

之所以介绍"传统婚筵"，一是如今改观了，我们看不到了；二是有研究者说，婚（丧）大事只要把客待好就算过好了。

请女婿。也叫"回门"，古人则称为"拜门"，是新婚夫妇第一次回娘家的礼俗。一般在三日以后，住对月之前进行，由女家定日子，男家备四色礼，有一小孩相陪至女家，女家邀亲朋相待。

女家请女婿时设筵的铺张，基本上等同于娶媳妇的饭菜规格。按照《仪礼》记载，传说的婚姻"六礼"从"纳吉"到"亲迎"并不包括"回门"，但按照民间习惯，婚姻礼俗到"回门"才算完成。春秋时，已有"回门"的事，如鲁文公在婚后偕夫人齐姜回到齐国探望岳丈就是"回门"之举。

在岐地，旧时请女婿这天，新婚夫妇有的坐轿车，有的骑大马或毛驴，忌讳骑骡子，因为骡子不下驹，也有的新婚夫妇引小孩徒步而来。

岐地民间，请女婿不光是请，而且还要要女婿，要女婿是一种敬重，也是一种善良的报复，因为女儿在出嫁后，男家平辈必须嬉闹，男家叫"要新人"，女婿今既请到由主变客，也是新人，所以平辈也相要为戏，多有女门姐妹为自家人出嫁被要出气。例如，捧给新女婿的臊子面中多调些醋、包子内专包盐或辣面子，新女婿还必须吃等，不一而足。越是要得新女婿羞臊难当，越有气氛。

婚俗新风尚。婚俗在"六礼"模式中的相沿承袭，发展到近现代终于迎合了社会的变革。新式婚姻、文明婚礼成为新婚俗的主流。

婚姻自主。近代的社会变革改变了人的价值观念。封建的包办婚姻已经成为历史的陈迹。尤其是妇女解放和男女平等，使婚俗产生了根本的变化，青年人追求爱情和婚姻自主形成了新的风尚，家长也走出了家庭至上的小圈子，在儿女婚事的观念上接受了现代文明，尊重儿女的选择，把婚姻自主的权利交给儿女，相应的"媒妁之言"的作用越来越小，"自由恋爱"成为婚姻礼俗第一环节的潮流势不可当。

"六礼"失去了存在的基础。从清末到民国初年以来，接受了新思想的青年，风行"中西合璧"的文明结婚礼俗。这种礼俗，有些地方是直接模仿西方的礼仪。如穿西服、宣读证书、交换结婚信物、行鞠躬礼等。这些礼俗，经过了新旧中国交替时期的磨合，有时甚至西洋的东西和旧的中国礼俗同时存在，却体现了新的婚姻礼俗的发展，繁文缛节的"六礼"终于瓦解了。

恋爱、订婚、结婚大典三部曲的基本定型。男女双方的恋爱有双方心心相通自发产生的，也有经人介绍而产生的，这种介绍和过去的"媒妁之言"完全不同，婚姻的中介人只是在两种情况下才能起作用，一是因为东方文化传统的延续，相识的男女双方羞于首先吐露心声，中介人起一个"点火"的作用；二是因为交际范围的局限双方互不认识，中介人起一个桥梁的作用。男女双方自由恋爱的过程是相互深入了解、相互适应的过程，也是双方父母以及亲友接触了解的过程，这个阶段和过去的"问名""纳吉"已经完全不同了。男女双方在恋爱成熟的时候，就可以订婚，订婚不一定举行什么仪式，只是把婚姻关系初步确定下来，婚姻关系的正式确立是领取结婚证，这是双方走向结婚大典的标志，结婚大典的仪式也向体现个性特点的方向发展，可以举行婚宴、参加集体婚礼、旅行结婚、舞台婚礼等。在岐山，高档酒店的全方位服务、喝礼、彩车、新娘梳妆等服务的专业化，为婚俗的变革提供了良好的环境。随着社会的发展，人类文明程度的日益提高，婚姻礼俗必然向着男女平等，双方真正的互相爱慕，仪式删繁就简的方向迈进。

结婚是人生最精彩的乐章，婚姻便因此而占据着人的生活质量的制高点，我们看到：高质量的婚姻，孕育着一切创造！

生育礼俗

生男育女，是人类繁衍的基本生活活动，人类有了家庭以来，生育是门庭传接的大事。中国传统的思想观念极为重视家庭，《易经》中说："正象而天下定矣"；《大学》中说："家齐而后国治"。可见，古代的先贤们，已把家庭和人口的繁衍以及和睦的家庭生活，提到社会稳定、国家长治久安的高度来看待。实际上，人的兴旺（包括素质），长期以来决定了民族和国家的兴旺。生育活动，又是平常人生活的重要组成部分。从远古以来，人类的生育乃至生命活动，受到自然的制约，人们对未知世界的迷茫，对生命的珍惜，产生了女娲造人以及许多关于神对生命主宰的传说。于是，生男育女愈发是人们生活中很神圣的事。

岐山人的生育风俗，明显带着古人对生育的崇拜以及人对生活的向往，无论是求神送子，祈天庇佑，还是铺张庆祝，赎身还愿，都倾注了人们对下一代的心血和期望。

《诗经·小雅·斯干》说："乃生男子，载寝之床，载衣之裳，载弄之璋"，璋，玉之称。说明孩子自古就很金贵，郑玄笺"男子生而玩以璋者，欲其比德焉"。说明人们更希望自己养育的儿子，有玉一样的品质。

生育既是人们生活中的大事，更是民族的大事。如今，处于经济转机和社会转型时期，人们的生育观念发生了变化。中国家庭的共同特点是"恋爱不迟，结婚不早，生育不急"。经济发展已经在潜移默化地改变着中国根深蒂固的"养儿防老""不孝有三，无后为大"的传统家庭与生育观念，敏感地反映着社会变化中的进步与成就。

祈子。"子孙满堂"是中国民众传统的文化心态，古人为了繁衍后代，出于生殖崇拜的心理和对神的虔诚信仰，便产生了对郊禖神的隆重祭祀，祈求生子。"郊禖"神在岐山周公庙有神殿。"禖"是古代帝王为求子所祭的神，因其祠在郊外，故称"郊禖"。《诗经·大雅·生民》："以弗无子。"《毛传》："弗，去也；去无子求有子，古者必立郊禖焉；玄鸟至之日，以太牢祠于郊禖。"在《礼祀·月令》中：（仲春二月）是月也，玄鸟至，至之日，以太牢祠于"高禖"。郑玄笺："高辛氏之世，玄鸟遗卵，简狄吞之而生契，后王以为媒官嘉祥而立其祠焉。变媒言禖者，神之也。王引之以'高'是郊之借字。"详见《经义释闻·礼祀上》。可见祈子源于商代，因契是商代始祖帝喾之子。其母简狄在郊禖活动中吞食玄鸟卵而生了他。商朝灭亡，周王朝统一了天下。在西周发祥之地的岐山，人们在"郊禖"神之外，更重视祭祀周人的先祖姜嫄。《礼记·月令》记载：仲春二月，天子率后妃或九嫔在禖宫欢御，并在郊禖神前举行隆重的礼仪，祈求生子，后来还定为春节后第一个祭祀。

"郊禖"的盛大节目为"上祀节"。秦汉以来，此种求子风俗更加盛行。《汉书·外戚传》就记载了汉武帝"上祀节"在霸水之滨祈子的事，可见祈子是上行下效的风气。

按岐山风俗，祈子一般是在庙会和祈子会时，背着人进行。岐山的祈子活动，最甚者在周公庙。此地古称卷阿。庙区内北庵里有郊禖、姜嫄圣母殿，东庵又别建送子娘娘殿，后称为祈子会，各有塑像金身。这一直是人们认为施恩四方、有求必应的神灵，因而香火鼎盛、久传不衰。会期，已婚妇女亲往，有的是家中长辈代为祈子，但都是先在神像前诚心叩拜，并由香火住持口念吉祥词祝愿。

祈子的妇女将神堂中提前准备好的泥娃娃或小娃鞋，悄然取去，祈女孩时，便瞅准神堂中的小纸花，随手拔取，取到的东西，立即揣入怀中，默祷后，拈香而归。此时，庙外常有卖吃食的吆喝，要祈子妇女吃些蜂蜜粽子把娃粘住，吃些面皮把娃拴住。吃时有旁人陪伴，本人只吃不言，回家的路上也不和任何人搭话，意思是怕一搭话，祈到的孩子就会被别人接去。回家后插香于灶君前，并给土地、灶君焚香默祷，然后才与其他人交谈。祈儿子者，有的人在娘娘婆殿中，将送子娘娘身旁泥塑小男孩的"牛牛"掐下，偷偷放入口中，向送子娘娘作揖叩头，后压香钱，意为在神前祈得子女。殿中住持见"牛牛"被抠，亦心领神会，随即捏些泥"牛牛"依旧栽在泥娃娃身上，如此反复，便是祈者掐，娘娘送，来者如愿。

妊娠。岐山地方的妇女，在妊娠期，有不少计较。遇婚丧事，怀孕的妇女必须回避，女子临嫁怀揣婚书时，孕妇不得接近，更不可当送女客和娶女客。遇丧事，不得亲入祭场，即便是为亲人送丧，也只能是远距离跪拜。其实，是孕妇不宜过于动情而已，情动则胎气动，大悲大痛对胎儿发育的影响，也是现代医学证明了的。

孕妇做饭时，忌切破刀面（即把擀好的面卷在擀杖上，用刀划破），风俗传为切破刀面的孕妇易患流产，须破肚而生；禁露宿，意谓露宿易怀怪胎，忌饮生冷水，说是孕妇喝生冷水，产下胎儿身有白腻，不易洗净；忌食辣、蒜，传为食辣、蒜产下小儿遍身发红，或胎毒致患疡癣。禁食兔肉和驴骡肉，恐生下小孩是兔唇，吃杂肉，会导致"僵月"，有说吃骡子肉，怀胎十二个月才分娩等。其实也不尽然，只是人多有讲究而已。

分娩。妇女在妊娠期满后的分娩，岐山人多称"坐月子""到炕上了"，生产的妇女俗称"坐月婆娘"。在分娩的当月初一或十五，孕妇娘家人要去探望。去时带上煮熟的鸡蛋、粽子等。旧时生孩子一般也不去医院，请"接生婆"在家里接生。接生婆是乡间对生孩子有经验的老年妇女的俗称，后来也有了卫生部门培训过的接生员。农村家庭在接生前，必须准备催生汤和生化汤。孕妇阵痛后，被接生婆和家人扶在地上，地面铺上干麦草，让孕妇跪在麦草上，施以拉腰等手法，促其生产，孩子生下来就在麦草上，所以称人出生叫"落草"。之后，将产妇扶上炕，揭去炕上芦席，让其坐于草上，俗叫"坐草"。只许端坐，不许睡卧，以防"血潮"。此时，接生婆连忙洗理婴儿，剪断脐带，再将婴儿口中黏液用棉花拭去，将婴儿放在温水盆中洗净全身，小心翼翼地给婴儿穿上衣裳。民间接生让产妇坐草，极不卫生，何况临盆之妇女，人亦虚弱，岂容坐不干净的麦草上。究其原因，始于周朝，据说"坐草"即岐地坐"草笆"的做法，来自周文王的母亲。周文王的妻子人数多，其母为了解儿媳的经期，让儿媳都坐"草笆"（这是一种将麦草湿水后，拧辫编成的圆形厚草墩，干透后，置于地上可以席地而坐，绵软且能防潮，20世纪六七十年代后，当地人能拧草笆的已极少）。草笆面干净，媳妇临经期坐过，上面都有血痕，文王母便能暗知，而给予临经媳妇以关爱保护。周人自古睡土炕，炕上都铺干麦草，草上再覆芦席，这一习惯，至今亦然。产妇生孩子后，暂时"坐草"，身下不做其他铺垫，其用意是一种先进而且卫生的产房管理模式了。周文王的老母圣母娘娘的传教，已被现在产院的新方式取代了。

上述接生办法，与上古人相比，已属先进，但接生婆接生对其用具的清洗和消毒都是不彻底的，由于卫生、环境以及医术等问题，使过去的初生婴儿易患破伤风感染，于降生后4~6天内中风死亡的甚多，人即疑鬼神作祟，乡间传为"偷死鬼"将娃偷走。这当然是没有根据的。

婴儿落草，母子平安，即捎话给月婆娘家。娘家在第三天要烙锅盔去扣小娃，意给小娃送粮。锅盔用红布包袱包，外拴线系着钱币，俗称"百锁"。送锅盔的人，清晨前往，必须背着人将锅盔扣在婴儿家大门外的水眼口，有的也扣在大门内土地堂前，不与产妇婆家人言语，悄悄地不辞而别（现送锅盔的习惯已大有改观）。孩子未满月时，产妇不能轻易见人，虽有俗话说见了月婆不吉利，其实也是产妇体虚，以静养为好，限制其活动罢了。所以，非本家人，一般都不愿见到坐月婆娘，产妇也常自觉注意，回避与他人接触。当然，这也只是过去人的计较。生育第十天，产妇娘家人又要探望，俗称"下奶"。去时带猪肘子、黄酒、小米、红糖等。烙干粮12个，为月婆增加营养，使其都是饱奶子，小孩不欠奶。其他亲戚十天、半月、二十天几个时间，分别看月婆和婴儿。来时必带糖、锅盔等礼物，也要辫个"百锁"，婴儿项上"百锁"越多越是"值钱娃"。这种形式虽与月婆娘家辫"百锁"相同，但往往又有另一层意思，即亲友贺喜"纳礼"的礼教就轻巧地尽到了。看月娃时，客人赞美的话都是好话反说，如"难看得很""长得瞎的""丑娃"等。

新生儿降生后要做"满月""百晬"（晬，音zuì，岐山语音读为"最"），过岁（一周岁）都要庆贺。满月的宴席，有颠倒饭食常规习俗的讲究，通常岐山人待客，早饭为臊子面，午饭为肉菜席，但满月席为早菜午面，现也有改变。产妇在孩子满月后，一般到分娩40天左右的日子里，娘家要接回小住，叫"挪窝窝"。这一风俗，实际就是让产妇在哺乳的早期，能避开婆家的繁杂家务，在娘家继续得到产后恢复期保养。"挪窝窝"住娘家时间不一，有长有短。还有习俗，就是寄保孩子，习俗与祈子相关，凡在哪个庙里祈子所生的子女，就寄保在该庙的神座下。一般在本宅灶神前寄保。寄保的孩子，到一定年龄就要还愿，还愿俗称"赎身"。向神灵还愿，一般在庙会、祈子会的会期进行，在灶君前的还愿是祭灶日。赎身的形式是庙会和家中两种不同形式。未寄保的孩子不存在还愿。生育俗中的事象极多，不宜细录，有些做法，颇具迷信色彩。许多习俗虽则世间流传，只不过是人云亦云，"随波逐流"，无实际意义。

优生优育，从来是人类共同奉守的理念。只是"优"的程度，随时代而不同。早在过去，人们以朴素的思想重视着这一环节，如父母在为孩子择婚时，要看孩子臀大腰眼弯，俗言腰弯尻子大，必定能生娃。同时，将男女成婚视为生育的准备阶段。先期以意愿，比如春联习惯写：喜今日银河初渡，看他年玉树生枝。其实天上牛女会于银河时，已经儿女在侧，真正的结发，是在牛郎的小屋里，人亦不深究；春节时炕贴也是"乃生贵子""喜报弄璋"。弄璋,是生男孩儿,对于女孩儿,则称"弄玉",这又出于《列仙传》,秦穆公女儿弄玉与萧史乘龙升天的美好故事。至于人称"乘龙快婿"也与之有关。无"快婿",则"无娇子",美好事物的关系,总有一个扯不断、看不见的"链子"。新的生育理念、人口现状,冲击和挤垮了旧的生育风俗和基座。社会保障功能的伸展,动摇了养儿防老的堤坝。当下人们奉行的是优生优育,注重的是生活质量。女孩儿现在不仅有了"天足",而且享有与男子平等的社会地位。于是"弄璋"与"弄玉"都是娘身上掉下的肉,生其成人,育其成才。年轻的父母们没有了屡屡生养之痛,却多了细细"琢玉"之劳。因为他们知道生下的小人儿,需要在信息时代立足。

世人欣喜地看到,岐山的生育习俗,有了更新更和谐更进步的"规程"。

丧葬礼俗

丧葬习俗是中国传统文化的一个重要组成部分,内容丰富、涉及面广,"十里不同俗"。岐山地区礼俗,是《仪礼》存留在民间最具体的、最系统的、最完整的"模板"。其反映了历史与现实生活细节方方面面,对研究周文化具有极高的价值。岐山埋人,虽有许许多多礼俗,但均以世人传承相沿袭,却无文字记载,后人只知其然而不知其所以然。为此,仅以岐山丧葬习俗,追源析流,述其古今沿演之习,予以褒贬。

岐山丧葬习俗源于《仪礼》。这种礼俗也是一种道德规范,《论语·为政》:"生事之以礼,死葬之以礼,祭之以礼。"《礼记·祭统》:"孝子之事亲也,有三道焉:生则养,殁其丧,丧毕则祭。"《礼记·葬义》:"事死者如事生",人有生就有死。随着时间推移,人类意识文化不断发展和提高,于是便产生了葬的意念,这就是葬的发端,俗说死了,即什么都"了"。否则,时经千万年,鬼众之多岂有今人立足之地。《礼记·

祭义》："众生必死，死必归土，此之谓鬼。"就是说鬼者归也。

在古代对男人、女人的死，按等级有不同的称呼，《礼记·曲礼下》："天子死曰崩，诸侯死曰薨，大夫曰卒，士曰不禄，庶人曰死。"《新唐书·百官之一》载："凡丧二品以上称薨，五品以上称卒，自六品达于庶人称死。"对配偶按其等级有后夫、孺人、妇人、妻等不同名称。有关人死的事就叫丧，《礼记·檀弓上》："邻有丧。"人虽死了，但还遗留着尸体，处理的方法叫葬，即所谓丧葬大事。由于地域、民族下同，葬的方法亦异，各种葬法均有其独特的仪式和程序，各种仪式程序都有一定的礼规和礼法。

岐山是周王朝的发祥地，周时建立各种典章制度，《仪礼》中就提到丧礼，丧礼就是处理死者殓、殡、奠、馔和拜、踊、哭泣的礼节。周代是宗法制社会，等级界限很严。丧礼在《礼记》中的礼，下及到"士"，对"士"以下的庶人等就未列入礼的范畴，当时庶人被视为奴隶、野人、草民，因此就有了"刑不上大夫，礼不下庶人"的说法，"礼"的不平等由此可见。

丧葬是人生最后一次礼仪，通过它，既可以表达生者对死者的眷恋悲哀之情，又可以祈求死者的庇护之感。古人对丧葬的礼仪十分重视，周代已经形成一套完整繁复的丧礼礼仪，这套礼仪构成了以后中国丧礼的基础。《礼仪》中有《土丧礼》《即夕礼》《士虞礼》《丧服》四章，是专门记述丧葬之礼的。在现今陕西岐山人的葬礼中仍能找到周人丧葬之礼内容，依现在民间埋葬习俗与《礼仪》所制的名称对比来看，基本吻合。现墓碑上所刻"考""妣"等就是沿用《礼记·曲礼下》中记载："生曰父、曰母、曰妻；死曰考、曰妣、曰嫔；寿考曰卒，短折曰不禄。"现人们三周年后才除丧服，就源于《礼记·三年间》中的礼（孔子曰："子生三年，然后免于父母之怀。夫三年之丧，天下之达丧也"）。

岐山自古丧葬均循葬礼规范，数千年已形成独特的葬俗。这种葬俗脱胎于《礼仪》的丧礼，带着一定的封建阶级烙印。随着时代的变革和社会的不断发展，这种葬俗的内容也不断丰富，但万变不离其宗，始终保持着岐山的风土民情，由于丧礼为士以上各级而制，因而在士大夫阶层中畅通无阻，在士以下的庶民百姓，接近于士的阶层，当然在丧事上就效法有由了。岐山葬俗就是在上行下效中不断丰富和完善的，虽无成文规定，但经世代相传、祖辈相沿，年久日长，形成了固定的习俗。因地区不同，葬俗的许多名称也不一致，各地虽有差别，实则大同小异。再者，岐山葬俗在某些方面也承袭了士大夫阶层中搞奢侈、讲排场、扬名声、不重实的腐朽遗风。这种大肆铺张之风，既无益于死者，也徒增了生者经济负担。一些无力承受的家庭，受攀比之世俗影响，也违心负债大办丧事，以求所谓的孝名。岐山葬俗是经过远古—古代—近代的不同时代，由传说—周制的《仪礼》—追溯的《礼记》—秦、汉、唐、宋、元、明、清的推行—后世仿效而在民间约定俗成。在葬俗的形成过程中，东汉时的宗教（道教、佛教）、魏晋时阴阳五行学说，不断地渗入淳朴的民间葬俗，使葬俗不同程度地染上了迷信色彩。在科学文明的今天，迷信的东西多被淘汰。

后事料理。老人的后事料理，岐山人叫"做棺板老衣"或"料理后事"。大体可分为四种情况：一是家人久病，奄奄一息，已呈不可挽救之势。为其备后事以应安葬，且含有作棺以"冲喜"的挽救心理；二是已过大衍之年，条件较好，其子女有忌讳心理多不愿提及此事，因而本人觉得一生辛劳，要亲自选木扯料做后事准备，可免其子女分心操劳，实是疼爱子女的心理表现；三是老人年及花甲，体衰多病，其子女为尽孝心，给父母制作棺板老衣，让老人过目，以宽慰其心，解除忧虑；四是突发性死亡，多用借、买现成的棺材和衣服，只能将就了事，岐山人口语中的棺和材的不同称谓，一般是以生与死来分，对活人备就的寿材称材，对死人称棺。

丧事活动。丧事的办理包括：给死者沐浴、饭含、小殓、大殓、停枢、送葬、安葬等活动；家属报丧、请阴阳、打墓、开吊、埋葬、待客等；有出七、百日、周年等祭祀活动。自清末迄今，已按等级制度法规行事，均视死者家庭的经济条件而操办。

葬法。岐山葬俗对不同年龄的死者，给以不同埋葬，有着不同含义，对人死于外地回故土（原籍）安葬亦有讲究，这种忌俗就是死人不进门，如要进，就得从后墙穿孔抬入，同样装死人的灵枢不得由前门进入家院。有的无奈，只能在家门外搭棚停放。一些地方坚决不让尸体回村，为此还闹出纠纷。至于葬法，前文说了，岐山多为土葬。

古时对墓和坟是有区别的。《礼记·檀弓上》："古也墓而不坟。"按古时凡葬不堆土植树叫墓，死者埋葬后留有土堆且植树者叫坟。郑玄注："土之高者曰坟。"现统称坟墓。商、周葬以墓，墓上筑坟大约是战国时代。坟之大小、高低，古时有严格规定。如果超过标准，即视为犯法，要受刑罚。明代曾规定公侯墓地周围90步，坟高2丈，围墙高1丈。而庶人之墓地则为9尺，高不过4尺。

建坟修墓在丧葬礼俗中占有重要的地位。存在着保守与改革，因袭与创新之争，存在着奢靡、繁缛与简朴的撙节两种不同风俗，前者多为富豪之有，后者则为平民百姓所推崇。新中国推行火葬，虽是利国利民的事，但没有搞"一刀切"，在因地制宜地逐步推进。现各村都建公坟，大都选在坡崖之下或小块田地，凡死村民，不论辈分高低，先后一排排安葬。均保留坟堆，坟堆大小一样，人人平等。有火葬的，骨灰盒有的放在家中（有的放置陵园），大多也埋入墓地。公坟的使用只限于同村，不是任何死者都可埋入。

祭物。岐山葬俗在丧事处理中其明显的标志有以下这些：

白色。把丧事叫白事以区别喜庆的红事，一切用物以白色为主（除不同辈分用黄色、红色外），如孝服、麻冠、孝帽、烧纸、丧联、门牌、七单、纤布、挽幛等。

纸扎。种类繁多，式样各异，如望门纸、引魂纸、苦脸纸、坟头纸、纸制品等。

面制品。是一种面食，其中的蒸制大馍（献的）作为供品，馍上有纸制花与柏朵或面制花，另外就是面捏成禽、兽、花、草、人物等用油炸，作为献供的面花。这种面食礼多为己亲所赠，是区别死者与生者亲近关系的主要标志，一般吊客用纸不用面制品。

铭旌。是竖在柩前以标识死者的姓名和身份的旗幡。《礼记·檀弓下》："铭，明旌也，以死者不可已，故以其旗识之。"疏云："士三尺、大夫五尺，诸侯七尺、天子九尺。"旧时只用于士大夫阶层，不为庶人而设（铭旌的长短显示死者的尊卑，官位越高，铭旌越长）。后来，民间亦多仿效，一般百姓在死后也制作铭旌。铭旌多为女婿、外甥、姑侄来吊奠时必带之物，过去下款只写男名，现在男女名同书铭旌之上，制作工艺和布料，越来越讲究。

哀悼。人丧后，其子女必动哭声，但泪点忌滴在死者之身，吊奠之客众亦不例外，含殓、守灵、暖丧、跪草、起丧、送埋、安厝、迎送宾客均以戚客相待，忌言笑，乐人应奏哀乐，在安厝后，每逢七期、百日、周年、清明、十月一、年节亦要进行哀悼祭奠，烧纸化钱上供食、果品。

缅怀。为对死者寄以崇敬、哀思，不忘其劬劳之恩，领其功德，以昭后人，常借信物以代。对信物进行供奉跪拜和祭祀，表示晚辈的孝敬之意，形式有魂帛、灵牌、遗像、神主、墓志、墓碑、功德碑、纪念碑、牌坊、牌楼等。

寿诞礼俗

祝寿也叫"做寿"，是我国一种庆贺老人生日的活动。民间以50岁以下为"做生日"，50岁以上为"做寿"。一般以60岁或66岁开始，年龄按虚岁算，即按实足年龄提前一年。老人一经做寿，以后就必须年年做，不能间断。平常为小庆，逢十如70、80、90等为大寿，要大做，不但设宴待客，有的还唱大戏、放电影，或请唢呐班子演奏助兴。"做寿"的形式大同小异，具体根据家境贫富而酌情定之。在家"做寿"时，正厅要设寿堂，贴寿字，结寿彩，燃寿烛。岐山老人"做寿"时，贺礼多在院子举行，因宾客众多，正厅难以容纳。宴请宾客，尤为重要，大家欢聚一堂，共同庆贺。酒食中的面条，称为"寿面"，是必不可少的，取其福寿绵长之意。亲戚前来祝贺，所执贺品有寿桃、寿幛、寿联，还有营养滋补品等。受贺者穿着新衣端坐堂中（院中），接受贺者的两揖之拜及贺礼，如遇平辈拜寿，受贺者应起身请对方免礼；若遇晚辈中小儿叩拜，受贺者须给些赏钱。父母寿日，出嫁的女儿要回来祝贺，在有些地方，出嫁的女儿会为"做寿"的长辈送上自己亲手做的鞋，还有衣料、寿面、寿酒等。若父母都在，不论他们是否同庚，皆为双寿，所以送礼就送双份。在岐山，出嫁女儿的贺品中还得有12个"糕子"，有的称为"寿桃"，有闰月为13个。

锣鼓民俗

岐山人喜爱锣鼓。从古到今，诸凡祭祀、盛典，乃至商号开业、事件宣传，必要锣鼓以壮声势。击鼓鸣金，视为吉祥，世代相传，形成风俗。鼓为八音之首。古代人们在祭祀中要随祭仪而击鼓，初击石鼓，后才有皮鼓。在文明社会之前，大约已经有一定的击打次数和节奏的相应规定。周公晚年的礼乐已将鼓谱在民间流传。鼓同时又是古代人围猎和在战场上的号令，所谓击鼓进兵、鼓角相闻。鼓与其他乐器相配，成为打击乐和鼓乐，当是周公作乐的重要组成部分。《诗经·齐风·甫田》记载："琴瑟击鼓，以御田祖。"又《诗经·大雅·灵台》记："虡业维枞，贲鼓维镛。"虡"是悬挂乐器的木架两侧的竖柱，说明在周代岐山的鼓已配置了木架。又《诗经·周颂·有瞽》："应田县鼓、鞉磬柷圉"，今释应是一种小鼓，"田"是一种大鼓，"鞉"是一种有两柄两耳的小摇鼓。说明周代鼓的形制已经有了多种规格，有了鼓乐的高音小鼓和低音大鼓的配合。锣与钹则是由于后来演奏需要再加进去的。据说是秦汉时于西域引进的乐器。

岐山锣鼓的发展，一直是在周公作乐的基础上创新的。"喤喤厥声，肃雍和鸣。"《诗经·周颂·有瞽》体现和保持了乐声洪大，旋律雍和而又肃敬的特点。

现代鼓的形制有小鼓、大鼓。小鼓直径一尺八寸左右，大鼓直径五尺四寸左右，鼓槌以柳木所制为佳。无论大鼓、小鼓，均以双槌演奏。锣分为小锣、大锣、马锣等。钹有青铜钹、黄铜钹。青铜钹重达20斤，发音雄浑，今已少见。岐山锣鼓因地域不同，基本上分南路鼓与北路鼓。南路鼓在东南片，以今雍川镇、蔡家坡镇、青化镇等各村锣鼓为代表。北路鼓主要在县城周围的凤鸣镇、故郡镇等地流行。南路鼓重锣，北路鼓重钹。南路鼓鼓点整齐缓慢，便于几百面鼓列成长队演奏。北路鼓则紧锣密鼓，节奏激越，长于广场表演。击鼓时鼓槌翻飞挽花，脚下腾挪跳跃，音乐舞蹈混为一体。南路锣鼓中，有一种打法，即游演行进时背鼓演奏、停于原地就地放鼓，不用鼓架，虽鼓的下面着地发音受制，但鼓声坚实清幽，镗锣悠长，别具韵味。岐山锣鼓流传的鼓谱，主要有"跑三锤""长兴""十样景""风搅雪""周八士""二锤"等。同一曲牌的敲法，各村自具变化，长短不一，尽出于上辈人口授心传，并且过去各村鼓不外传。

给锣鼓队助阵的有彩旗队，即锣鼓队的仪仗，一般有旗50杆左右，且视活动规模，届时自作增减，也有大型活动执旗百面以上的。还有铳队。铳岐山人俗称橛把炮、铁头、木杆，高五六尺许，装火药，点燃后，举高轰响，声如炸雷，烟气升空，大壮锣鼓队的声威。放铳的风俗无考，似与古代军事行动的"放炮安营""放炮起行"有一定关系。铳队一般20人左右，紧跟旗队和鼓队，护于两侧，过去鼓有八面的、十面的和二十面的不等。锣、钹几十面，无严格规定。南路鼓原一钹一锣，北路鼓两钹一锣。现普遍鼓队扩大，一般活动中鼓五十面，锣鼓队人数达到200人为平常。索王锣鼓队参加宝鸡市公祭炎帝时，组员几百人，锣鼓队队员的装饰也有特色。民国至解放初，鼓手都是头扎毛巾，名曰"虎抱头"；腰缠黄布带，标志炎黄子孙；脚蹬镶着彩边的麻鞋，叫"燕点水"。现锣鼓队的装束，以红色为主。媒体的宣传以及参加大型典礼、全国赛事的活动，使岐山锣鼓的发展产生了新的审美取向。锣鼓从为社火制造声势的伴奏位置中裂变出来，形成独立表演的形式。锣鼓队的服饰取消了随意性，民俗活动与专业舞美的结合，设计出了新的款式。以红黄色为主，包巾、箭袖，仿明朝以前武士打扮，追求视觉上整齐、明亮的突出感。鼓曲也改变了，以快节奏与时代合拍，形成了岐山北路锣鼓的主导地位。

多村组成锣鼓队和协会，岐山锣鼓队已成品牌，索王锣鼓多次参加黄帝祭祖，为外国友人表演。中央电视台、陕西电视台、凤凰卫视曾专访、直播，《陕西日报》《宝鸡日报》多次报道。特别是1957年获陕西省民间音乐舞蹈大赛集体二等奖以后，几十年坚持继承和改良。2000年12月，参加文化部在台州举办的全国第十届"群星奖"现场决赛，获广场舞银奖。这是岐山县民俗文化活动的最高奖项。2004年3月，陕西省文化厅命名岐山县为全省"锣鼓艺术之乡"称号，全省获此殊荣的仅岐山县一家。

社火民俗

社火，是民间普通的娱乐活动。据考，社火起源古代人类的祀神活动。那时候，人们思想受到社会条件的限制。土生万物，人以为神，则祀土；燧而得火，可以照明，取暖，可以吃熟食，但火也可以危害人们。于是，火的产生，火的利用，火的畏惧，使人们视火为神；火与土成灶，这么一个与生活至关重要的灶也有神，于是又祀灶。炎帝发现了火，他以火造福大家，炎帝便成了"善火神"。另有一种叫"回禄"的神，是"恶火神"。还有一说，谓炎帝是太阳，如《白虎通·五行》中说："炎帝者，太阳也。"当然，人们对神又有择善神而祀的自觉性。先民们在祀神中发明了一定的仪式，仪式中的重要一项就是"傩"，这是一种迎神的舞会。祀土的活动最早，又有7个巫人为戏则可。后来的祀火、祀灶，便已有傩祭、傩舞、傩戏，参加者一般都戴面具（岐山人叫面具为兽脸），后来，则"涂粉墨于面"这种活动发展到西周，祭灶时七八十人为戏。历经几千年，社火便日趋成熟，演变成民间一种娱乐形式，渐成风俗。近代的社火，多用戏剧人物的装饰或扮以戏剧故事。岐山的社火，带有明显的地域色彩。

纸社火。岐山形体最大、制作最难的社火，已濒临失传，主要流行于京当地区，为"西观山"古会时专用，有一定的套配仪仗，它就是绘画精致的纸亭子（模仿古庙宇和佛殿），高丈余，宽五尺，一般为二至三层，内制作的人物类似木偶，以《封神演义》中人物为主，后也有《孙悟空三打白骨精》《白蛇传》等。纸社火比较轻，由一个小伙子擎着或由两个人抬着，纸社火以二十四转为宜，要用5个多月时间才能制成。传说农历十九，是周部族迁岐后一场战争的纪念日，为纪念周人先祖的死难者。纸社火是祭祀的一种礼仪，祭祀完毕，纸社火就会被烧掉。

背社火。大人背小孩装扮的社火。由成人背扎连头木锨，锨头紧扣腰臀。其上是十字架，外套长衫，十字架由衣领伸出肩上，再以六七岁小孩扮成粉墨人物，踏扎架上，不露假脚，与成人无二，角色多寡不等。表演人物动作由背者走步指挥。岐山的草场村、渚村、沈家营、下仁池的背社火在岐地最有名。

高跷。又叫"柳木腿"。用两根长约1～2米的木棒上置脚踏。扮演者两脚各踩一根，用麻辫子缚在小腿上。表演时，阵容或为数十人不等。可以做出跑、跳、跨步等动作，形式灵活，一目了然，很受观众欢迎。高跷社火的扮演者多为青年男女。

马社火及车社火。装扮的故事及人物与纸社火、高跷基本相同，做成固定姿势或画面。马社火以脸谱、把子见长，装成后，跨马、执器械。因马社火前有马僮，马与马列成一定阵势，很是热闹。社火装扮在车上叫车社火。讲究造型艺术，过去是牲口拉的大车，现在已用汽车或拖拉机，由于车与车要有一定距离，车社火阵容较大。

高芯。是用铁件做成各种形状的基架，用色纸、绸幡、颜料装饰后，小孩在预定位置上站立，外穿长衣，配以假腿，呈成人状态，然后以固定姿势，载于车上，以险妙见长。益店镇北营村、枣林镇罗局村的高芯甚为有名。

旱船。俗称"耍船"。多流行于安乐寨、杏园、师家沟等地。旱船是用色纸、彩绸等物制成龙舟形或其他形状，一般约长2米宽1米，船舱周围悬挂红灯若干盏。有些上置亭子，活动需要两人，一人驾船，一人赶船，驾船者常扮成妙龄女郎，立于舱内，其人的腿隐藏于船下两手扶舷（实则提着船），小腹前平置两条假腿，如坐船状。赶船者扮船夫，前后行于地，持桨做赶船的动作，驾船者小步速进，两人相互配合，使旱船如漂于水上。也有用同样方法，制成小车形状，女郎坐车内，另一人推车，表演与赶船类似。

竹马。用竹子扎成马前后体框架，表面糊纸，制成马的形状。表演时，扮社火者装成戏剧人物，缚系竹马前后体于人的前后腰间，按舞步在广场上回旋奔跑或表演战斗故事，好似满场英勇将士扬鞭催马。杜家村及枣林南原一带流传此项活动。竹马的游演，也常与旱船配合，有锣鼓助威，夜间表演，百十串马铃一齐脆响，几十盏高灯照彻夜空，令人感到神秘而振奋。

秧歌。岐山人扭秧歌，是新中国成立后新的社火形式，以工厂、学校最盛行，多化装成工、农、商、学、兵形象，腰扎红绸，伴秧歌节奏，走十字交叉步，场面宏大，时代感强。近年来，扭秧歌又成为中老年妇女锻炼身体的自发活动，平时排练，逢节游演，又加入了腰鼓、扇子舞等，使秧歌的形式更趋多样化。

窗花民俗

岐山人过去的居室窗户多为三十六格的"亮窗"，俗称亮格，在过去稀泥抹的土墙上，亮窗占着十分显眼的位置，所以亮窗的漂亮与否，对生活的点缀至关重要。

剪纸也叫烟格，一般用于亮窗的上六格。烟格是窗花的别种，它在民间的彩窗上怡然领衔，与下部的窗花别阵簇拥。"烟格"顾名思义，首先是糊在窗户上透烟透气的，只因为岐山的少女和少妇以及中老年妇女们，为之倾注了洋溢的情感，才成为民俗的艺术之作。"烟格"的创作，是妇女们人人参与的，她们并不是为了卖钱，而是剪出一种心理的愉悦。因为剪纸制烟格的过程，就是一种民间艺术品的创作。一种烟格的式样可以传播，可在传播中由每一个女子随心进行修改和变动。也许，起初的心思在于糊在自家窗上显示别出心裁，但实际上却因此而使一幅作品经几个人、几十人转手至臻完美。烟格的创作者，依赖于想象和幻想，又由于没有经过专业的美术培训。所以，一把剪刀肆无忌惮地游刃在色纸上，将传统图案、畜兽、禽鸟、鱼蛙、昆虫的形态，极尽夸张地展现出来，看上去似是而非，却倍感传神。烟格在大量的对称图案之外，还有一部分全开剪成单独纹样，有很多呈"S"形骨架，这很显然与"易"理有一定的关系。

窗花是画在窗纸上的独立的彩画。庄户人家的"亮格"子上，贴上美丽的窗花，不光显得生活的心气儿高，还是家有巧女的重要标志之一。岐山的窗花，多为先勾后填，完成后，美似工笔重彩，但没有工笔画在工细和层次上的过分讲究，也似与壁画有关，但又不似壁画的粉雕玉琢和烦琐。应该说，窗花中出现的花鸟虫鱼和人物，是随意性的，女子画窗花时不顾及写实的功力，全出于生活的热望。她们认为花应该是什么样子，鸟儿和鱼儿是什么样子，这些东西就以人的意志在纸上长出来，成为人们希望的样子。于是，窗花里的胖娃娃似乎是藕做的胳膊腿儿，头发像毽子一样矗在圆圆的脑袋上，点出两个极黑的眼珠，去配合娃娃天真的笑脸；四季花儿中的一两枝，随便就在一处开放了，但依然灼灼地灿烂着；鱼儿傍一束水藻，无盆也无水，在窗子上满是阳光的温暖中，依然得意地游动着；喜鹊是离不开的灵物，它落在极细的枝上，收翅开声，连连报喜。这细枝儿能否承得如此硕壮的大雀儿，也并无关系；石榴画在窗上，却被剪去了籽实的内瓤，镶嵌了一片小玻璃，小孩子（家人）就可以单眼去瞅窗外的景物。画窗花须用染布的颜料，在阳光中可以透彩。贴窗花的布局，也多采用斗方、对称等对比关系。窗花是岐山人家值得一观的景致。

创新。在漫长的岁月中，烟格和窗花作为普通人和刀剪、墨彩的逸致，始终在老百姓单调的生活中展示着向往，激励着热情。周公的礼乐之制，使岐山农人耕读传家的遗风历久不衰，可谓耕作以求生活，读书以求闻达，窗花的取材，来源于生活，却超越了生活的现状，追求着人生的大美，它的变化在新中国成立以来尤为突出。

继承新的内容。如"兄妹开荒"，追求婚姻自主的"梁秋燕"以及英雄人物、解放军战士、工人、农民的新形象，都成为创作的题材和人物原形。20世纪以来，窗花和剪纸又一次脱离了束缚，出现了民俗文化的新发展，古代传说、童话故事尽能入画，如"老鼠娶媳妇""二龙戏珠""官上加官（冠）""喜鹊闹梅"等祈福求喜的传统题材，重为人们喜爱。同时，剪纸和窗花也出现了表现改革开放以来新事物的作品，使这一古老民俗形式有了新的突破。

创作专业化和市场化。岐山的剪纸和手工画制的窗花，充分体现了人们喜欢大红大绿的特点，强调了视觉上极强的张力，因此，现在已有专门从事剪纸的创作和窗花的绘制。窗花作品有较好的卖点。无论城镇、农村，居民住房都成了砖混结构的楼房、"大房"等，窗户的格式、用料与过去相比已完全变样。剪纸作品也摆脱了旧式窗户规格的制约，扩大幅面，改进材料，以新颖的图案精雕细刻，不但与今天的玻璃窗户相和谐，又以独立的造型，还可装裱、装框或者制成中堂画，成为饭店和民俗村等公众场合以及旅游景点别具一格的装饰，也可作为旅游胜地纪念品之一。剪纸、窗花无疑是岐山人心花的怒放！

庙会民俗

庙会亦称为"庙市"，是岐山民间集市形式之一。其会日在寺庙节日或规定日期举行，多与寺庙创建落成时日相因果。一般设在寺庙内或其附近，故称"庙会"。民间修庙塑神像常以当地人民群众的迫切愿望为宗旨，联系神话传说和历史人物加以附会和想象塑成神像，供在庙宇之中，定期祭祀，以其为精神依托。全县大小百余处庙会，归纳起来不外乎春祈、秋报、迎神、赛社、祀祖、商贸之类。

春祈含祈子、祈稼、祈雨、祈祥诸神。旧时科学不发达，自然灾害屡侵于民，医疗条件无几，生子传宗，愈疾治病备受酸苦，故寄于诸神求应。诸如周公庙、屯子头庵洞（圣母娘娘）、范家营七姐庙、焦六娘娘庙、蔡家坡菩萨庙、朝阳娘娘洞、西观山娘娘庙等处的祈子会；蒲村麦王庙、鲁家庄老爷庙（关羽庙）、五丈原诸葛亮庙、凤鸣镇城隍庙、益店镇太白庙、南营太白庙、枣林街麦王庙、青化玉皇庙、朝阳城隍和文昌庙等处的祈稼、祈雨、祈祥会。春华秋实，乡民们用一年的辛苦和汗水把仓、屯充实，满心喜悦，因感神恩浩荡，忙罢冬闲，即覆前诺，虔表愿心，以香鞭炮，丰盛献供，戏曲社火，聚会酬报，以讨神悦，年年恩赐风调雨顺、国泰民安、万事亨通。至于商贸会，虽假神威，但属行业会，多在城镇，往往随农村节令而举办。新中国成立后，岐山县庙会祭祀主要以祭祀先祖、英烈、经贸交流为主要内容。

岐山规模大、影响深、波及广的庙会有周公庙会、五丈原诸葛亮庙会、凤鸣镇城隍庙会、高庙太白爷会、青化西门会等。

周公庙会。周公庙位于岐山县城西北6公里处。庙会始于唐代，为典型的求神祈子、焚香还愿的香火会，规模很大，涉及陕、甘、宁、川、晋、豫诸省区，原会期三天，自农历三月十二至十四，与会者每天达数万人。分三种类型，第一类是求神祈子、烧香还愿者；第二类是从事商贾、做生意者；第三类是游山玩水，凑兴看戏，阅历世面者。周公庙所在地，周时称卷阿，山清水秀、风和日丽、古木参天、花繁草茂，润德泉玉液盈溢，逾龙口涌泻成溪；杪椤汉槐尤为圣地添了风采，玄武像人称玉石爷，更讨会众喜欢。赶会者不管男女老少，都乐哈哈上前争相拍打揣摩，头痛者摸玉石爷头，腿痛者摸玉石爷腿，据说很是灵验。会期有数台大戏在竞演。正会日（即十三）晚上直唱到天亮，人叫天明戏，江湖杂耍散到各厢，说书的、卖艺的、表演魔术的、卖药的、摸骨的、相面测字的、卖吃食特产的，星罗棋布，各逞其能，各个摊点均被人围得严严实实。凤翔泥老虎，娃娃们叫"耍活"，历来是会上热门货，随地而摆，琳琅满目。庙内各神前，明灯蜡烛，钟磬交鸣，香烟缭绕，献供山积，善男信女布施香钱如雪片纷纷落下，念佛诵经声不绝于耳。庙里庙外，人头攒动，人声鼎沸。若从蟾岭坡往下看，通往庙上的大路小道，车水马龙，人流涌动。

解放后，周公庙古会随物资交流的原因，扩大到了县城，会期延至7~10天。近年来，周公庙会成为弘扬周文化，带动旅游业的亮点，成为陕西省文化旅游胜地，庙会的影响扩大到了国内外。随着凤凰山周大墓群的发现，周公庙古会风俗和周公庙，对于商周断代工程、周文化研讨等所蕴含的文化层面，引起了国家和学术界空前的重视。因之，周公庙会尤其成为岐山的盛事。在世界华人的寻根活动中，岐山恢复了对元圣周公的祭祀，冲破了某种文化理念的束缚，使庙会传统的祈子、祈福等活动，加入了祀先圣、正风化的内容，使庙会风俗更具时代性和先进性。

五丈原诸葛庙会。诸葛武侯庙始建于元初，历经兴废，屡有修葺。起初人们祭祀无定日，至明嘉靖三十九年（1560年）邑宰韩廷芳申准，始行春秋二祭。春祭日为农历二月十三、秋祭日为农历七月二十二，后人渐将祭日立为会日，原会名叫"五星会"，均为三天，春为二月二十二至二十四，秋为七月二十一至二十三，历来春会日为四方所重视，秋会日只有附近善男信女前去拜谒祭奠。五星会也是香火会。因当年蜀相诸葛武侯精通天文、气象缘故，被后人视为神仙。旧时科学不发达，人们为求得风调雨顺、万事吉利，便祈祷于神灵，所以在五星古会上测字、卜卦、相面者云集，构成一个专门场所叫"神仙巷"，问事吉凶者、卜求财运者、拆度前程者、算命占婚者、抽签圆梦者纷纷来此择求。逢会时正值仲春，春播期将到，农民忙于备耕，妇女张罗女工，故在此会上，山货农资、纺织捶浆用具占绝对优势。诸葛亮当年名震寰宇，因此庙会也吸引了四方民众，除省内各地外，山西、河南、四川、甘肃等地人们也多前来助兴。日容客数万，是岐山大型庙会之一。新中国成立后，为扩大城乡物资交流，繁荣城乡经济，以民俗庙会渗入市场运作，从1962年起将庙会与五丈原镇相连，诸葛亮庙被列为旅游胜地。诸葛亮身体力行，彰显的"鞠躬尽瘁，死而后已"的人文精神，是中华民族共有的财富，凡到岐山来的外宾、归侨、政要、游客必定要到五丈原凭吊和瞻仰诸葛亮。

凤鸣镇城隍庙会。凤鸣镇为岐山县城所在地，城隍庙会本来是人们祈求太平、健康、长寿的祈祷会，过去若有家人遗骨在外地者，多在敬神之后，广烧纸钱，以祭吊亡灵。新中国成立后，改为物资会，各地客商慕名而来，交易额十分可观。会期从农历十月十五至十一月十五，长达1个月。

高店太白爷庙会。此庙始建何时，古会起于何时，现均不详。会期为三天。自农历十月十二至十四，原为酬报神恩的香火会，后因甘肃、宁夏、青海、四川、山西、河南等地的骡马客商于农闲从事商贾，往来多汇于此，故逐渐将香火会演变为骡马会。古会期间，骡马成群，牛羊连片，庙南有一处低洼地带，骡马牛羊主要在这里交易，人和牲畜形成的景象十分壮观。

青化西门会。本为祀神香火会，会期三天，农历十月二十三至二十五。西门会的起源说法不一，有传为无量祖师神会，有说为玉皇阁所立。总之，神会与玉皇阁有关。玉皇阁是三层阁楼式古建筑，始建于明万历年间，无量神殿宇就在阁下第一层，最顶端则为玉皇大帝阁，故此会应是立于明代无疑。秋去冬来，时值农闲时节，甘肃、宁夏、河南、山西等地骡马驴商，连同当地骡马贩子，汇聚于此地进行交易。该会解放后亦被列为重点物资交流大会之一。

在岐山的庙会中，只有安乐街农历二月初二川主庙会纯属宗庙祭祀会。相传安乐街一带老先人是诸葛亮麾下的将领，随军出斜峪关伐魏，与司马懿大战于渭河之滨，蜀军家眷在战后落业于安乐街繁衍至今。为纪念祖先，创建川主庙以祭祀，每年二月初二，安乐镇一带乡民像春节祭祖一样，会于川主庙燃烛放炮，焚香吊表，三叩六拜，熙熙攘攘，热闹非常，后渐渐形成庙会。

第六章　岐山节庆礼俗文化

　　传统节庆，是生命和生活事象拥起的制高点，是人的生命对生活赋予的愿望付诸行为的创造。传统节庆以及所承载的礼俗文化，是古代社会生活的活化石，是人类文明发展长河中的一个重要组成部分，更是人类生活中各个族群普遍传承的一宗重大的显性文化事象。它紧密地伴随着各民族的生产、生活实际，从远古走来，在传承过程中又不间断地延续着、演变着、丰富着、发展着，使人类的生产、生活史在某种程度上构成了一部眼花缭乱的五彩缤纷的节日文化史册。

　　中国的节庆礼俗经历了一个萌芽、形成、发展、传承和变异的过程。在中国源远流长的节日风俗史上，两周是一个重要时期。在此时期内，有的节日萌芽了，如清明、端午、七夕、重阳等，有的节日初步形成了，如上巳节、社日节、蜡日节。总体上说，这些节日反映了当时人们祈求消灾丰收、企盼祛疾驱邪、健康长寿、调节生活、提高生活质量以及追求婚姻自由的文化心态。岐山作为西周故地，历史悠久，底蕴深厚。优秀的周文化传统，尤其是岁时节日民俗传统，经世代继承发展，形成了陕西岐山人独特的节日民俗礼仪，使节日风俗成为岐山地域文化的重要组成部分，同时也是礼俗文化的深厚积淀，留存于民间的外在形式。

在当前实现中华民族伟大复兴的宏伟梦想中，我们不应沉湎于传统而失语于探寻挖掘，陶醉于深厚积淀却茫然于传承弘扬。传统节庆民俗礼仪，洋溢着东方文化色彩，不仅调节着人们的精神意绪，而且承载着丰富的民族情感，是民族向心力的体现。它对民族文化精神的普及、延续和发展，对于培养民族心理认同和自豪感，增强民族凝聚力，加快并繁荣社会主义文化建设，强化文化自信具有重要的历史和现实意义。那些经过历史淘汰和时代洗礼，至今仍绽放着文明之光的优秀节庆民俗，在铿锵的历史脚步中，更应伴随着我们的时代和人民一道前行。

春　节

　　春节是中华民族特别是汉族最隆重的传统节日，民间习惯地称春节为"过年"。春节的来由有几种说法，一说源于原始公社的"腊祭"。《左传·僖公五年》载："虞不腊矣。"西晋杜预注："腊，岁终祭众神之名。"这就是说，一年农事完毕，为了报答神灵的恩赐，部落里举行庆贺丰收的活动，就是所谓"春节"。至西汉武帝时，行"太极历"，确定夏历正月初一为岁首。二说认为"年"是果实丰收、五谷成熟的意思。庆贺"年"的丰收，尧舜时就有此俗。《榖梁传·桓公三年》："五谷皆熟，为有年也。"在最早的甲骨文中，"年"字称为"稔熟"，指谷类成熟而言，本义是农作物的丰收。"年"的写法上半是"禾"，下半为"千"，是在"禾"下连写两笔，整个字形像颀长根深的黍形，用以表示五谷丰登的意思。《说文解字》中对年的解释亦是"年者，取禾一熟也"。就是说庄稼成熟的周期称作年。由此看来，"年"本是一种植物，是谷类植物的统称。三说春节源于巫术仪式。所谓巫术仪式，就是原始人相信，通过人本身的意志和力量，可以调整和控制自然事物的发展。春节期间的各种活动，如饮食、祭祀、装饰、娱乐、游艺以及春节期间的禁忌，包括语言、行为、饮食等禁忌，都是围绕着辟邪祈古而展开的。人们通过自己的行为、语言和表演等来驱赶或避开邪恶，并得到平安和幸福。随着社会的发展，春节逐渐失去了巫术的内涵而演变成一种庆祝活动。上述几种说法中，春节源于腊祭说最为普遍而流行。

　　关于过年，民间还有一个普遍的关于"年兽"的说法：远古时代，有一头长触角、凶猛异常的怪兽叫"年"，每到岁末，来到村庄吃人吃牲畜，人们害怕极了。而且"年"有活动规律，每隔365天窜到人群聚居的地方享一次口福，每次出没的时间都是在天黑以后。等到鸡鸣破晓，它们便返回山林中去了。有次"年"去一村庄，走到村边，牧童噼里啪啦的鞭子声吓跑了"年"；它又跑到另一村庄，看见小孩穿着红色的衣服，也吓跑了；它只得窜到第三个村庄，看到村里灯火辉煌，照得它头昏眼花，又被吓跑了。如此连续三天进不了村，最后饿死在荒山野岭中。人们总结"年"有三怕，即怕"响"、怕"红"、怕"光"。于是每当岁末过年时，人们就用红纸写对联张贴，并敲锣打鼓，鸣放鞭炮，灯火通明，彻夜不息。这样，危害人类的"年"吓得就不敢进村了。时间长了，就形成了既定的节日风俗。

年的名称，据《尔雅·释天》的记载，尧舜时称年曰"载"，夏代称为"岁"，商代改"岁"为"祀"，周代又称为"年"。而春节一词就出现较晚了。先秦文献中并没有出现春节的名称，只是出现了蕴含春节意义的词语，如"上日"和"元日"等。魏晋南北朝时，春节的名称又有了新的创造，像"元辰""元正""元首""岁朝""履端"。另外，还有模仿汉代的"三朝""三始""新年"的说法也是这一时期的创造。隋唐宋元明代可以说是"元日"一统天下的时代。今天我们常用的"年"，也是出现在这个时期，但在当时并不常用。清代至1948年春节的名称基本固定在"元旦"上。清代已经把"元旦"作为春节的名称，并不仅指正月初一，而是包括好几天，这和"元日"只代表新年初一一天不同。当然清代一些地方亦将夏历的新年称为"春节"，但清代影响最大的还是"元旦"，"春节"一词在当时并没有什么影响。"春节"的普遍使用是在1912年辛亥革命以后。1912年1月2日，孙中山通电全国，宣告"中华民国改为阳历"，以黄帝纪元四千六百零九年十一月十三日（即辛亥十一月十三）为中华民间"元旦"。于是阳历的元旦也就改成了"春节"，虽然民国禁止阴历节令的娱乐活动，但由于民国四分五裂，人们还是习惯过传统的"元旦"——"春节"。1949年中华人民共和国成立，在12月13日通过的《全国年节纪念日放假办法》中，规定了"新年"（公历元旦）、"春节"（传统的年节"元旦"）、劳动节、国庆节等为法定节日。从此"春节"才替代流行了300多年的"元旦"，沿用至今，而"元旦"则成了公历新年的节日名称。尽管年节起源的资料丰富多样，异说并存，但年节形成于汉代，酝酿期却是在周代已为大家所认可。

祭　灶

岐山县人的"过年"即春节，是正月初一这一天的活动所包容不了的。实际上是从腊月二十三祭灶（即灶王节）就已经开始，祭灶前后，热乎乎的年气就已升腾起来，弥漫于城乡。祭灶的风俗可追溯于周代，《周礼》中已有记载。祭灶当天，岐山人家家户户先洒扫院落，将灶屋内打扫干净，并用上好的面粉烙制灶干粮，民间亦称其为"灶爷饦"。灶干粮为圆扁形。有用芝麻做馅的咸饼子，也有用糖饴做馅的甜饼子。灶爷的祭品主要是灶干粮。取义为灶君上天，云路漫漫，甭受饥肠的意思。排除迷信的色彩，就是善念的寄托。灶干粮一般献12个，闰月的年份则献13个。焚香化表之后，将灶膛墙壁上年贴的灶君像取下，当场焚烧，也就是民间说的送灶君。送灶君时，一般由家庭主妇奉祀，且口中念念有词："十二个干粮一炷香，打发灶王爷上天堂；玉皇爷若问凡间事，就说弟子一家都安康。"经受了一年灶间烟火气的灶君神像焚送后，新的灶君像腊月三十中午时分才能请上神龛，供祭拜祀奉。时过境迁，西岐大地祭灶之俗虽仍存，在快节奏的当下，却已简练许多，祭灶前几日，满街机制的干粮已取代了手工烙制，祭灶时必备的献品（也是节日的食品和礼品）灶糖也很少见用了。

忙　年

忙年是岐山民间传统年节风俗，指春节前的一系列辞旧迎新准备工作。一般进入腊月即开始，腊八以后气氛更加浓厚，其活动不外置办年货，准备年菜以及扫舍、沐浴等。近人沈太牟《春明采风志》载："凡年终应用之物，入腊，渐次街市设摊结棚，谓之审年……买办一切，谓之忙年"。

扫　舍

扫舍亦称扫社、扫年。即每年祭灶前，家家户户对院落、特别是房舍内进行大扫除、大扫尘的风俗习惯，民间有"过了腊月二十三，不干不净也洗三天""腊月二十四，掸土扫院子"的谚语。此俗由来已久，起源于尧舜时期，由古代驱除疾病的一种宗教仪式中演变而来。是先民们在祭祀社神之前，净土除妖意识的反映，到了唐宋时代，此风更加盛行。宋吴自牧《梦粱录》中说："不论大家小家，俱洒扫门间，去尘秽，净庭户。"《清嘉录》卷十二记载："腊将残，择宪书宜扫舍日，去庭户岁秽。"民间的说法：因"尘"与"陈"谐音，取意"陈旧布新"，就是要把一切穷运、晦气统统扫出门。这一习俗寄托人们辞旧迎新的愿望和祈求，更是干干净净辞旧迎新的内在要求，体现了中华民族爱清洁、讲卫生的传统美德。岐山境内自西周以来，代代相传下来的崇尚清洁的习俗和活动，尤以年底扫舍为最，无论家境贫富，均遵从此俗。近数十年来，居住条件大有改善，民间屋宇中的坛坛罐罐已很少，扫除的繁杂程度简化，城镇部分人家还请钟点工为之，但习俗不变，心理上去旧换新的意味也已大于扫除积尘。

跟年集

岐山民间将年前买东西"办年货"叫"跟年集"。旧时每年到了腊月，乡村贸易市场空前活跃，待到腊八过后，乡间道路上挑担的、推独轮车的、人背肩扛的，办年货的人络绎不绝。民间信奉"可以穷一年，不可穷一日"。即再穷的人家再怕花钱也得"跟年集"。这段时间，农村和镇上的门店及集市，都是为过年服务的。农村的集市在平常是有规定的：有逢单日作集的，有逢双日作集的，但到了腊月，逢集的日子就频繁起来了，几乎天天有集不断，及至腊月三十还有半天集，称为跑集。整个年集呈现少有的繁荣景象，有农副物产，有京广杂货，有节日礼品等。五花八门，应有尽有。最显眼的是木版年画、门神、窗花和花炮、烟火，民间泥塑玩具，各色纸张，美不胜收。各式各样的点心、糖果、烟酒名茶，更有肉类、蛋类、鸡、鸭、鱼各种副食品，如山如河，叫卖似唱。演杂技的、唱大戏的、耍魔术的为集市助兴，还有玩"西洋景""套圈"的，献艺行善的、修脚补牙的等，在集市上比比皆是。集市人山人海，摩肩接踵。为过一个丰盛的"年"，人们争先恐后地置办年货。吃的、喝的、用的样样要买，样样不能少。如今城镇有了超市，人们不再像过去那样，提前囤积蔬菜及年货。

写春联

忙年中的一个重要事项就是写春联。春联还包括有"春条"（单联）、"春语"（一段祝贺春节的话）、"斗方"（在一块方纸写的字）等。过了腊月二十三，也就是祭灶以后，村上的人忙于写春联、买春联，准备过年了。史载，春联是从桃符演变而来的，王安石《元日》诗云："爆竹声中一岁除，春风送暖入屠苏。千门万户瞳瞳日，总把新桃换旧符。"由树桃符到贴对联，是从后蜀主孟昶开始的。孟昶亲笔书写的"新年纳余庆，嘉节号长春"，可以说是中国最早的一副对联。桃木颜色是红的，红色有吉祥、辟邪意，所以春联多用大红纸书写。但庙宇用黄纸，守制（服孝未满）用白、黄、蓝三色，守制第一年用白纸，第二年用黄纸，第三年用蓝纸，第四年丧服满，恢复用红纸书写的春节对联，充满吉祥喜庆，如"岁岁平安日，年年如意春"（横额"大地皆春"），

117

春条如"出门见喜""万福来朝""竹报平安"等，斗方是在一块方方正正的红纸上单写一个"福"字。张贴的时候要倒贴，取其"倒"（到）的谐音"洪福到来"的意思。"春语"一般是一段祝贺的话或勉励的语言。如"百行孝为先，万恶淫为首""由俭入奢易，由奢入俭难"。除乡间街间有名望者为同村同族有求者书写对联，一般腊月二十以后，街市即有卖春联者，其中多边写边卖，卖春联者多为潦倒文人。腊月卖春联是一大景观，一般用桌一张及笔墨纸张若干，沿街摆摊。此俗现仍然保留，且比过去更加壮观。对联不仅是年事，亦是一种独立的文化形式。自唐宋以来，对联形成了固定的平仄声律，成为诗的别裁体。年节时，有钱人请举人秀才入户撰写，头门、重门、后门虽处处不同，但必须合平仄，喻祥瑞，彰门楣，见文采。书法也讲究入规入矩，意气飞扬，力透纸背。贺年时，嘉客登门，必品春联，只一声"好"，家主乐及浑身，一好生万好，又岂是文好字好？乃谓家好人好百事好。穷人则不然，揭一张纸，求会写的书联即可。唯不能缺，缺此好似无年。解放后尤其是近些年，随着经济发展，生活节奏加快，人情世风变化，催生了年节春联大市场，这已非旧时落魄文人的营生。城镇大街书写对联的阵容十分壮观。一般人掏钱买对联，轻易不肯求人写。然部分新富的人们和一些文化人推高了春联的品位，他们必请名手撰联，用万年红宣纸书写。以至于纸生红云，墨焕紫光，经年不退，表现出家主自我精神的张扬以及家事大红大紫的期望。这一现象，也折射出在岐山大地上，文化与钱财相比，文化永远占领着上层。

请门神，买年画

门神，传统民间俗神，也指春节贴在门上用来驱邪避鬼的神像。最初的门神是刻桃木为人形，挂在门的旁边，后来是画成门神人像张贴于门。南朝梁宗懔《荆楚岁时记》说："岁旦，绘二神披甲持钺，贴于户之左右，左神荼、右郁垒，谓之门神。"传说的神荼、郁垒兄弟二人专门管鬼，有他们守住门户，大小恶鬼不敢入门为害。应劭《风俗通义》称《黄帝书》也曾载，上古时候，有兄弟二人，一个叫荼，一个叫郁，住度朔山上大桃树下，管理众鬼，鬼若害人，就绑以苇索，拿去喂老虎。类似的记载还有其他典籍。钟馗亦是门神之一，是民间传说中能除妖捉怪的人物。明陈耀文《天中记》引唐逸史说，唐明皇因疟疾而昼寝，梦有小偷偷他的玉笛和杨贵妃的香囊，明皇叱问小鬼，小鬼自言为"虚耗"，能耗人家喜事成忧。明皇大怒，欲呼武士逐之，突然见一大鬼，破帽蓝袍，角带朝靴，捉住小鬼，剜其目，劈而啖之。明皇问是何人，自言是终南进士钟馗，因应试不中，触阶而死，曾得皇上赐绿袍以葬，心感其恩，发誓为帝除虚耗妖孽。明皇梦醒之后，病就好了。诏画家吴道子画钟馗像贴于宫门。民间承其俗，每年初一，挂钟馗像，或图一为门神，用以镇鬼辟邪。唐代以后，也有画猛将秦琼、敬德为门神。

年画是春节期间张贴的画片。旧时多作为家居房间中的装饰之用，烘托气氛，增添喜庆。年画内容主要有两大类，一类是喜庆祈年的，如五谷丰登、春牛、年年有余、寿星、财神、婴儿、花鸟、风景等；一类是驱凶辟邪的，以门神画为主。买年画亦成为置办年货中的一项内容。除了年画，要购买门笺，门笺是传统民间年节装饰品。即以五彩纸剪出各种吉祥图案，并剪旗脚，在春节时挂或贴在门楣，以祝吉、装饰。此俗宋时已盛行。门笺有许多别称，如"挂千""吊钱""挂钱""闹门钱""花纸""喜笺""封门笺"等。古时则称"门彩"等。岐山方言统称"门旗"或"旗旗"。当代，年画又与年历相联姻，称为"挂历"。挂历的上半部为画，多风景、人物肖像，下半部分为日历，多一月一张。当月所对应的星期周期、节气等一应俱全，且印制精美，装订成册，挂于居室，既为装饰品，又方便日期查询。岐山等地春节时还有剪贴窗花的习俗，此俗前文讲过，故不再赘述。

蒸年馍

蒸年馍，这是过年的重要习俗。临近过年的前三两天，家家户户都开始蒸年馍。热气腾腾的年馍意味着新的一年蒸蒸日上。年馍是给新年准备的食物，或自己吃，或用来待客，必不可少。平时不太讲究，年馍要选上好的小麦粉。蒸馍前要给灶爷烧香磕头，让灶爷照护着把年馍蒸得又白又虚，这些看似封建迷信，却是人们对现实生活良好祝愿的程式，愈是来得虔诚便愈显得人生意义的厚重。蒸年馍时家里有种特别热乎乎的气氛，忙忙碌碌、说说笑笑、和和睦睦，人气很旺。有婆媳不和，媳妇在娘家多日不回，快蒸年馍了，娘家父母一定得劝说女儿回去，莫要得罪了灶王爷；小两口闹矛盾，赶蒸年馍，女婿得提上礼物到丈人爸家里叫媳妇。凭着这些乡俗，化解着世间的是非和矛盾。蒸年馍是操心活，须起五更睡半夜。前一天晚上，用大盆把面揌好，放在热炕头。半夜面发起来，赶紧续面。待到五更，面已醒好，全家人齐上手，揉面全馍，搭进蒸笼，风箱就吧嗒吧嗒响开了。第一锅馍上来，喜悦的心情溢于言表。馍白馍虚，意味着来年的发达和顺当；馍圆馍大，预示着圆满和兴旺。年馍要蒸几锅，且分三大类，即出门馍（走亲戚的馍）、礼仪用馍和自家吃的馍。馍的样式也有好几种。近年由于馍店兴盛，手工蒸馍对大多家庭来说已成历史，走亲戚用馍作礼品的习俗已基本取缔。

扎肘子，熬皮冻，蒸甜米

年事虽头绪多，但岐山人忘不了扎肘子、熬皮冻、蒸甜米。岐山人饮食离不了合盘，而合盘又少不了肘子、皮冻。岐山合盘以泡好煮熟的大青豆或黄豆和红萝卜丁垫底，拆骨肉、豆芽、油炸豆腐块、青菜、葱丝为主料，将肘子、皮冻、鹅黄切片围苫周边，浇汁即食，为岐山的传统特色菜品。合盘所用的岐山肘花采用猪后臀瘦肉、猪皮、调料、生姜、盐等原料制成，一般由家中男主人制作。方法是：先将瘦肉切成宽3厘米、厚1厘米的小块，拌入姜末、盐、调料等待用。将大片的猪皮刮油洗净，用猪皮将拌好的肉条包裹成圆柱状，用笼布裹起来，再用细绳密密麻麻缠紧后，入锅煮3小时左右捞出，趁热压制而成。吃食切成薄片。现超市、集市年关（平常也有）售卖肘子，好多家庭已不自己制作了。

皮冻是用新鲜的猪皮做原料，刮掉皮上的肥油，用温水洗净，切成细丝，加水用文火熬制2个多小时，染上红、黄等食用色素或蛋清搅匀成冰花，加酱油搅匀成酱色，晾冷切片食用。

甜米岐山人俗称"瓢米""甜米碗子"或"八宝甜饭"。年节待客离不了甜米。其做法是：主料是江米，配料一般有葡萄干、蜜枣、青红丝、猕猴桃、糖、碎山楂片等。先将江米淘洗干净，倒锅里煮上15分钟（万不可干锅中途添水），把葡萄干用开水浸泡，板栗煮熟，猕猴桃去皮切片。准备几个浅窑碗，先摆入几片猕猴桃片，间隙放入板栗、蜜枣、葡萄干之上，然后放到蒸笼里蒸10分钟左右起笼。待晾凉以后存放，随吃随热。食用的时候把盘子盖其上面，翻转一下倒入盘中，在上面撒上一层红糖将烧酒倒在红糖上，点火花即可食用。该小吃特点是色彩鲜明，酸甜可口，老少皆宜。

岐山人吃甜米，还有一个古老的传说：西周时期，周文王姬昌为了富国强兵，讨伐无道暴君商纣王，救民于水火，广招天下贤能人士，以辅佐自己成就大业。他奔走全国，访贤选能，终于在草莽中发现和起用了伯达、伯适、仲突、仲忽、叔夜、叔夏、季随、季騧等八位有才能的人，号称"八士"。"周八士"在国师姜子牙的领导下，为振兴周室做了许多有益的事情。后来文王驾崩武王即位，他们又辅佐武王完成了其父未竟的灭纣事业。相传在周武王的正义之师兵临殷都朝歌城下时，被纣王逼迫上城守卫的兵士火线起义，投奔武王，以致他们烧着的鼎沸火油，都原封未动地放在城头上。这时"八周士"已拥着周武王和姜太公作为胜利者登上了城头，观看自己英勇的将士在城中追歼残敌。忽见纣王骑着天禄（独角兽）像一只无头苍蝇似的闯过来，企图夺路出城逃命。武王身边的将士正要放箭，"周八士"劝止了他们后一拥而上，抬起盛满沸腾之油的大鼎，照着纣王劈头盖脸泼去，纣王顿时变成了一团火球。城上城下的将士和百姓们，见残暴的殷纣王得到了应有的下场，无不拍手称快。周武王伐纣获得大捷，下令在国都镐京举行盛大而隆重的庆功祝捷宴会，周王室的庖人（厨师）们，为了凑趣，以增加宴会的喜庆氛围，专门用珍贵的食品制成一种佳肴，上席之前以色似火的山楂浇于其上，用来象征和歌颂"周八士火化殷纣王"的功绩，该食品亦被形象地称为"八宝甜饭"。从此，八宝甜饭这一特殊的小吃食便流传至今。

团　拜

年节在传承中不断发展，新的事象在忙年中也带来了新的气象。人们逐渐抛弃了过去春节中那些具有迷信色彩的活动，吸收了其中的有益部分。节前官方采用多种方式，向社会各界及各条战线的劳动者传递新年的祝福和慰问，成为一种新风尚，诸如慰问军烈属和离退休老干部等活动；各类茶话会、联谊会、座谈会等，在祝福声中联络了感情，在寒风中带来了暖意，在交流中凝聚了人心。

除　夕

除夕，亦称为"除夕夜""大年夜"，还有地方称"三十夜"。指农历年最后一天，过了这一天，旧年就从此除去了，且这一天多半是三十（也有些农历年十二月只有二十九天的）。先秦时期，文献中载有岁终举行禳灾除疫大傩的习俗。至东汉应劭《风俗通义》始载"除夕"事宜，云："县官常以腊除夕饰桃人，垂苇茭，画虎于门，皆追效于前事（案指神荼、郁垒事），冀以卫凶也。当晚岁暮时分，家家准备肴馔，以迎新年，又相聚酺饮，为送岁，留隔年饭。"而庾肩吾诗《岁尽应令》则提及当时有饮柏叶酒、试五辛盘之习。至唐，则兴于此前的除夕守岁、分岁之习大盛，从宫廷到士庶人家，多饮分岁酒，除夕相坐守岁。到宋代，除夕已是极其热闹。宋孟元老《东京梦华录》载京师除夕，士庶之家围炉坐守岁至天明。吴自牧《梦粱录》之卷六"除夜"云："十二月尽，俗云'月穷岁尽之日'，谓之'除夜'。士庶家不论大小家，俱洒扫门闾，去尘秽，净庭户，换门神，挂钟馗，钉桃符，贴春牌，祭祀祖宗，遇夜则备迎神香花供物，以祈新岁之安。"至明清两代，除夕更为热闹。清窦光鼐、朱筠《日下旧闻考》引明刘侗、于奕正《帝京景物略》："除夕五更焚香楮，送玉皇上界迎新灶君下界，插芝麻秸于门檐窗台，曰藏贵秸中，不令长也。门窗贴红纸葫芦，曰收瘟鬼。夜以松柏枝条、杂柴燎院中，曰松盆，煴岁也。悬先亡遗像，祀以狮仙斗糖……"

自古以来，岐山民间极为重视这除旧布新的一天，除夕当天以至到深夜，境内各种文化事像与周礼秦风相融，传统意识与现代文明互动，令人目不暇接。

封　神

封神，也叫"贴对子"。这是除夕当天的重头戏。大年三十12时以前，各家各户、相关单位、店铺寺庙，几乎都要张贴春联。农家还要贴家宅六神图像。六神为土地、灶君、天帝、仓神、井神、马王。家宅大门门扇上必贴门神。门窗和神龛上贴彩色纸刻凿的门笺。给屋梁上贴"抬头见喜"，给柜子上贴"招财进宝"，给面瓮上贴"米面如山"，给老年人炕（床）头上贴"身卧福地""寿比南山"，给青年人床头上贴"身强力壮""少者怀之"，给家庭院落贴"满院生辉""吉星高照"，给牲口厩里贴"骡马成群""六畜平安"，给粮仓上贴"年年丰收""五谷丰登"，给灶房里贴"小心灯火""严防火灾"，等等。旧时还给斗上贴"日进斗金"，给车辕上贴"日行千里，夜走八州"等。封神毕，但见户户燃放鞭炮的声音此起彼伏，震耳欲聋。家家神龛前烛火摇曳，香烟袅袅。封神后还有个讲究，除本家人外，其余谢绝登门。至初一天黑，东西不外借，垃圾不外倒，炮皮不清扫。除日不蒸馍，怕家里怄气。除夕后晌（下午），人们携烧纸具、酒馔、茶水等，伴随着零星欢快的爆竹声，要赴先人坟墓上祭祖，给列祖列宗坟头压新纸、上供品、点纸钱，跪拜叩首，追思亲情。除夕上坟又叫"请老人"，寓意请列祖列宗们回家和儿孙们一起过年。

守　岁

农历腊月三十的晚上，是年末最后一个时辰，"一夜连双岁，五更分二年"。是新旧年的交替，人们最重视过除夕，所以有"除夕守岁"的风俗，以示挽留旧岁，迎接新年之意，并以祈长寿，称之为"守岁"。这种风俗已有2000多年的历史。南宋诗人姜夔专门写了《守岁》诗："千门列炬散林鸦，儿女相思来到家。应是不眠非守岁，小窗春色入灯花。"北宋诗人苏轼也有一首《守岁》诗："欲知垂尽岁，有似赴壑蛇。修鳞半已没，去意谁能遮？况欲系其尾，虽勤知奈何！明年岂无年，心事恐蹉跎。努力尽今夕，少年犹可夸！"守岁的风俗活动丰富热闹。屋前屋后，灯火辉煌。全家人（在外工作、学习、经商的，都要赶回家过年）欢聚一堂，边吃年夜饭，边谈笑风生。年夜饭或简或繁，家家都精心准备。三十晚上这一年一顿的特殊晚饭岐山人叫"抄盘子"，是岐山人过年的一道风景线。当今媒体宣传称"年夜饭""团圆饭"等。盘子即大合盘，再配几个凉、热菜，少不了酒和饮料等。吃"年夜饭",分居的儿子们一般要来父母这边(来时少不了带菜、带酒)。过去,父母把热炕上的被子顺后炕叠起,炕的中间,架起炕桌,或放上红漆木盘,几代人围坐一起,边"抄"边谈,边"吃"边笑。这不是饿饥了的进餐,这是亲情的团圆。一年了,无论日子过得咋样,只要这时能在一起就是最幸福的,从每个人灿烂的笑容就知道心里涌起的是无比的满足感。"礼仪",在真情的滋养下才能永恒;家业,在人丁的簇拥下才能茂盛。设若老人去了,"抄盘子"的地方就移到了长兄家里。岐山有"长兄如父"的古语。菜不能饱,酒不可醉,长兄的话语,带着父容的宽慰,也载有家风和规矩的传承。"年夜饭"不是品菜肴的味儿,而是用筷子挑起一股"人味儿"。父母家中团年饭一散,又有了本家族兄弟们的团聚。凡本家族平辈的成年男子,因平常天南海北难得一聚,兄弟们便约于其中一家,再具酒席,此时人员结构上无"天"下无"地",畅谈豪饮,无拘无束,酒到八分,烟茶相续,棋牌相娱,睡意全无。

午夜饭结束,还在守岁的一家人开始包饺子。岐山民间相传,饺子源于春节。按照天干地支的计时方法,除夕半夜12点为子时,年三十晚,子夜钟声一响,人们就进入了"更岁交子"的新年,所以人们把这种带馅的食物称作"交子"。时间一长,便把这种食品叫作"饺子"。旧时提早包饺子,是为了大年初一早饭现成。现在,全家相聚,一边包饺子,一边看电视里的春节联欢晚会,直到零点跨入新年,这已成为守岁的一种新方式。另外,对守岁的小孩来说,更是一个欢天喜地的日子。他们尽情地玩,尽情地乐,一个个兴奋得难以入睡,等待长辈为其发年岁钱。传统的"压岁钱",亦称守岁钱、代岁钱等,岐山俗称"坠命钱"。相传压岁钱可以压住邪祟,若有鬼怪妖魔,可以此钱贿赂化凶为吉。凡在16岁以下者,长辈均颁赠压岁钱。岐山人对发压岁钱是很看重的。大人们在年前就早早备好或兑换新币。待除夕酒足饭饱后,长辈们就掏出早已备好的钱币,笑着发给儿女和孙子们。

红红火火的初一便是新年的开始,蕴含着希望和期盼。

请　神

除夕夜过零时,各家燃放鞭炮,争早比响,迎接新年的到来,俗语叫"请神"。鞭炮放毕,人们便在家宅诸神堂前点烛上灯,焚香化表,叩祀礼拜。对诸神叩拜时,岐山自古还流传着不少朗朗上口的乞神歌:

祭门神

清早起,念真经,家宅六神你细听。
门里门外你知晓,门神替我操大心。

祭土地神

土地老人本姓韩,你把凶神往出赶。
踏墙动土你甭管,一家大小都平安。

祭仓神

仓神老人你姓邓,手里拿的盘子秤。
你把老鼠拴绑紧,甭到家里打洞洞。

祭井龙王

天皇皇,地皇皇,一家老小敬龙王。
龙王爷本姓净,你把水儿来澄清。

拜新年

大年初一起床后,大人、小孩一般都换上漂亮的衣服,打扮得整整齐齐。吃罢饭后，第一个有纪念意义的活动，就是拜新年。先鸣炮焚香，后拜祭先祖。香案前灯火辉煌，香烟缭绕。然后按辈分大小依次拜新年。拜年带有小孩者，主家必向其赠以钱币，并摆设大红枣儿、核桃、花生、糖果等供拜者享用。

人们见面时，除彼此问候外，还要说祝福的话。当年成亲的新媳妇，由嫂嫂或其他平辈带领去左邻右舍给长辈叩头拜年，家家均给新媳妇赠送红包、小件衣物等礼品。新年新气象，到处锣鼓喧天，鞭炮齐鸣，拜年的人群往来奔走，喜气洋洋，呈现出一片"年年有余庆，处处气象新"的节日气氛。人人按自己的兴趣吃喝玩耍，尽情娱乐。年轻人在村小学打篮球、踢足球，姑娘们在大场上踢毽子和荡秋千，小娃们结伴做游戏捉迷藏，老汉们坐着马扎凳子掀花花（一种纸牌），妯娌们也坐在热炕上叙家常。随着社会的发展，交通的发达，初一当天全家或亲友租车、自驾去附近景区或游乐场玩已成一大趋势。岐山境内的周公庙、凤凰山、五丈原诸葛亮庙等处人流如潮，外游者多携家带口，其乐融融，年节已以全新的形式欢度。

饮　食

自古以来，岐山县境内的饮食文化就比较发达。年节期间的饮食就更为讲究。仅从岐山出土的青铜器看，商代酒器多，周代的食器多，可见商代人特好饮酒，周代人则讲究食品。《诗经》中记述宴饮的作品亦比较多。无论乡宴还是祭祀活动，饮食种类繁多，器物和程序考究，饮食礼仪复杂，体现周人热情好客的一面。受此熏陶的岐山人，在生活的长河中，逐渐形成了卓有特色的饮食习惯和饮食品种。大年初一早起后，黎明时分即开早饭，千百年来流传下来的岐山臊子面是岐山百姓必食之餐，那红亮亮的汤，红、白、绿相间的底汤菜，香气扑鼻的刺激，白花花的面条，吃下去的舒服劲儿，只可意会，不可言传。岐山臊子面特别，特别在制作特别讲究，作为原材料，必须选用岐山地区出产的上等小麦粉，这种面粉筋丝大，在岐山的一方水土，还衍生出了用岐山纯正粮食和水加工酿造而成的岐山食用醋，其色正味长，可口宜人。除了岐山面的擀制和食醋的制作技艺外，岐山臊子肉的精湛加工，成为岐山臊子面的一绝。加工臊子肉，先把大肉切成小方片，在锅里把食用菜籽油加热到油的表面泡沫全部排除，已经开始产生油烟的时候，立即加入切好的大肉，用文火加热，等油内的大肉脂肪腥味排完后，肥肉略带青色的关键时刻，加入适量的岐山食用醋、生姜、调料等，用稍大的文火炖肉，直到大肉烂熟时降火，油温降到一定程度时，添加上等辣椒面及其他佐料即可。岐山人做臊子面注重炝汤，炝汤时先在锅里放菜油少许，烧熟，倒入生姜末，用醋炝油，滚沸后加入适量开水，烧沸二三分钟，然后放入盐、香油、味精或鸡精、臊子肉等调成臊子面汤，酸香俱全，五色独具，红（辣）、白（豆腐）、黄（黄花菜）、黑（木耳）、绿（蒜苗或韭菜）相间，使岐山臊子面以薄劲光，煎稀汪，酸辣香而闻名。岐山民谣曰：

> 岐山臊子面，炝汤香满院。
>
> 采用头茬面，饧面老半天。
>
> 揉搓千百遍，薄厚任我擀。
>
> 宽窄随客便，铡面细如线。
>
> 火大水放宽，莲花锅里转。
>
> 味长色好看，面筋调合酸。
>
> 吃得满头汗，还想挑两碗。
>
> 出门在外面，想起涎水溅。

初一臊子面做好后，盛出的第一碗即从大门前开始"泼汤"。

待家宅诸神堂前——泼过，再将臊子面献在祖案前，碗上放两只香，全家才能开早饭。如果初一早同时吃用饺子者也可用饺子敬献神灵，敬献者旧时口中往往还念念有词："一个扁食两头尖，下到锅里成万千，金勺舀，银碗端，端到桌上献老天，老天见了心喜欢，一年四季保平安。"

泼汤之礼在岐山包含了两层意思：第一，吃饭前要先以泼汤的形式让鬼神食用。在久远的古代，这种方式是祈求神仙庇护，企盼小鬼远避，是天地人和谐相近的具体体现。第二，给亡故祖先泼汤，就是借此祭拜祖先，表示不忘祖先养育之恩。显然，这昭示着家庭伦理道德关系的和谐。事实上，泼汤之俗是对鬼神的敬畏和对祖先的怀念。这个说到底，就是西方倡导的"感恩"意识。感恩意识在西方是宗教的一种情绪表达。在岐山，将感恩意识与亲情血脉勾连，其作用效果更加明显。而泼汤给鬼神，包含着人类对大自然的一种敬畏意识。这种敬畏意识，含有对幸福生活的向往，对灾难的惧怕，还有对善良和爱的渴求，对美的认同。这些，都包含着较深的人文价值诉求。凡天地诸神和祖先神位面前泼汤完毕，这就意味着天地祖先已经吃过了，这时候人才能动筷子。臊子面的吃法也相当别致，只吃面不喝汤，汤又倒回锅里，这样循环往复，直到吃饱为止。大年初一中午一般是菜和汤，家家的饭菜都比平时丰盛许多。随着生活质量的提高，现在臊子面回汤的习俗已有所改变。

岐山臊子面蕴含着深厚的文化内涵，已被成功注册国家地理标志证明商标。关于臊子面来源的说法，颇耐人寻味。

周文王姬昌带人在渭河畔狩猎，遇见从水中腾空而起的经常残害无辜的蛟龙。文王令将士一齐射箭，顷刻之间，长五丈余、重千斤多的蛟龙眼瞎喉断，从空中跌落下来。因蛟龙肉食后有延年益寿、驱恶除邪的作用，文王命将蛟龙尸体运回后让厨师把其剁成厘米见方的肉丁，加上佐料燣成臊子，把煮好的面条捞在碗里浇上汤和龙臊子，只吃面不喝汤，再把汤倒进汤锅，如此循环，不但将士吃上了蛟龙面，就连当地乡亲们也沾了光。从此，西岐人仿效这种做法，将猪肉燣成臊子，浇汤而食，这就是世代流传千百年至今的臊子面。

"馂余"礼仪臊子面源于周代尸祭制度。即先敬神灵和祖灵，剩下的汤称"福把子"，泼在正堂的祖灵牌位前面的地面上，然后才上席，并按辈分和身份次序上饭。过去吃面剩下的汤不能倒掉，还得回锅，即取"馂余"的余字之意。现在敬神灵和祖灵，吃回锅汤的习俗大有改观。臊子面是关中岐山一带招待客人的便饭，婚丧大事、小孩满月、老人祝寿，通常都以臊子面待客。

源于唐代的"长寿面"。关于"长寿面"改称"臊子面"的事，民间流传着一个故事，据说在西汉景帝年间，岐山京当村有户人家娶了个美貌、聪明、勤快、伶俐的媳妇。新媳妇到婆家第二天，为全家做了一餐面条，一家人食后无不称赞面条滑爽鲜美。年幼的小叔子尤其爱吃，经常嚷嚷、哭闹着要吃嫂子擀的面条。后来，小叔子做了官，邀同窗好友到家中做客，请嫂子为大家做最拿手的面条款待客人，大家吃后赞不绝口。自此"嫂子面"就出名了，到处传开，争相仿制品尝。因这种"嫂子面"上必须加臊子为浇头，所以人们也把它称作"臊子面"。据史实，臊子肉出现在北宋时期，《梦粱录》上记载有专门加工出售臊子肉的店铺。但当时是否已经出现"臊子面"，还不得而知。到明代，高濂在《遵生八笺》里记下了"臊子肉面法"，因此可以肯定地说，"臊子面"至少在高濂写此书前就已经问世了。

起源于周代的"脤膰礼"。先秦时，天子和诸侯在重大祭祀活动结束之后，有向大臣赏赐脤膰的制度。《周礼·春官·大宗伯》："大宗伯之职，掌建邦之天神、人鬼、地示之礼，以佐王建保邦国。以吉礼事邦国之鬼神，以禋祀祀昊天上帝，以实柴祀日、月、星、辰，以槱祀司中、司命、风师、雨师，以血祭祭社稷、五祀、五岳，以狸沈祭山林川泽，以狸沈祭四方百物……以脤膰之礼，亲兄弟之国。"执膰与受脤不仅是与鬼神交际之大节，也是贵族亲近的重要礼仪场合。后世"脤膰"

就祭祀仪式中的供神肉，"脤"为祭社而设，"膰"为祭祖而设。祭祀结束，主祭者要将"脤""膰"分别赐给臣工，这就是脤膰礼。享用"膰"肉好处多多，可以使自己获得神的庇护，接受天的福禄。

纳礼，拜年，待客

春节里最诗意、最温馨的莫过于拜年，拜年走亲戚是年节的重要活动。岐山人初一不走亲戚，从正月初二起赴亲戚、朋友家拜年，旧时初五因忌讳"穷日"而不走亲戚。初六以前一般为小辈给长辈亲戚贺年，俗称"纳礼"。初五、六至十五，是长辈走小辈，叫"回节"或"回礼"。外地人或称串亲、访亲。但岐山人称为"走"大有讲究。亲戚亲缘近的叫"走瞧"。亲戚断绝来往的叫"提盒挂起"。长辈回节礼较轻，叫回半礼。拜年走亲戚是有严格的程序的，先到谁家，后到谁家，马虎不得。必须先向舅家、丈人家拜年，然后再向姑家、姨家拜年。再按疏远厚薄关系，一一拜年。平辈之间的走动，往往排在最后。朋友之间的拜年活动，可到正月底。岐山以及关中有民谣："初二初三开始走，一走走到二月头。"岐山民间走亲戚，情趣全在一个"走"字。这种礼仪规矩型的"走动"，捆绑性地扶助了亲戚关系的延续，是对人们亲情和根本的维系。这一"走"，一切人间的恩怨和礼仪让位于血缘关系的存在。拜年的礼品有薄有厚。小辈给至亲长辈纳礼，旧时具"四色礼"品，一般有点心、挂面、糖果等。不管礼品如何变化，岐山"四色礼"中，响当当的特产挂面必不可少，送礼必送挂面是岐山的民俗之一。也有送礼馍（年糕、油塔、包子），外加点心；新娘（初过门媳妇）礼品，厚于一般礼品。新女婿向丈人家拜年，头一年至少要行"四色礼"（酒、肉、花馍、糕点）或其他四件，多至"八样礼""十二件"（十二种）等。回礼（收礼后回送一些东西，表示不空回）也有讲究：女儿出嫁后头一年没有生小孩以前，回送像鸡蛋大小的白面馍，俗称"蛋蛋馍"8~16个。生过小孩的回送用滚成圆柱形盘旋而蒸制的小馍，俗称"枣花"一至数个，或视小孩多少而回多少。回节时给外甥送灯笼，必须送纱灯，即一种木框、高柄、纱糊、彩绘的灯。小儿开始行走的当年，一般送能拉动的兔儿灯。以后则无严格的俗规，各种各样的尽可选送，但必须在元宵节前送到。现在，集声光电为一体的电动灯笼逐渐占据了市场。过去十分兴盛的手工灯笼趋于萎缩之势，即将进入非物质文化遗产序列。至于朋友之间的拜年礼，旧时一般只送"南点心"（精制的一种糕点）一封（约一斤），经济条件不好的人家送"本地点"（差一点）一封。有身份的人，把自己的名片挂在点心封上。这样一来，互相拜年，实际上是一种社交活动。拜年和除夕的团圆饭一样，处处体现着传统伦理，成为维系人际关系的重要感情纽带，也成为习俗中经历千年不衰的重要礼俗。

年节中待客是岐山人最为看重的事情，在出外拜年的同时，民间从初二开始，陆续在家里接待前来贺年的亲友，谓之"待客"。《周礼》对古代待客有一定记载。《仪礼·士相见礼》十分强调人际交往中的诚敬，这是中国人追求平等回报、崇尚礼尚往来美德的基本体现，是融合亲朋关系，加深情感的重要方式。岐山民众长期受周礼的熏陶，饮食民俗文化中，有礼有节的礼教风俗，处处可见。尤其年节期间的待客，讲究以礼及尊重，置办酒席"待客"，就是对过去周人待客之礼的继承。待客之前，岐人在饭菜种类、质量档次等方面都要进行精心选择，以不怠慢客人。客人一进门，邀其落座后马上请茶。岐山民间把冲泡茶水叫"泼茶"，把饮茶叫"喝茶"。所用茶杯先用水冲洗，以示洁净。可请教客人喜好茶还是咖啡，还是其他饮料。如有点心招待，应先将点心端出，然后再奉茶。糖果、瓜子也不能缺。岐山人讲究"无酒不成席"，年年待客均要设酒，宴宴共同饮酒。此俗在岐山可谓悠久漫长。远在周部族由豳迁岐后举行庆典、设宴时都要进行祭酒和饮酒。岐山京当一带出土的酒器就有爵、觥、觯、瓶、尊等。由此可以看出，酒在西周时已成为筵席中的主要饮料。此风延及民间，在久长的发展过程中，以酒会友，以酒待客，走亲访友，以酒为礼渐成风俗，并形成了一系列酒俗礼仪。总之，在客人来访的整个过程中要使客人感到主人家里是一个讲文明、有修养的家庭。

待客一般两顿饭，早饭为凉菜加臊子面，用臊子面招待客人是最高礼仪，而凉菜中少不了合盘；午饭一般为炒菜，均准备得丰盛异常。讲究八凉八热，基本还要加上鸡鱼，以图吉庆有余。酒席结束亲戚回去时回(装)六个小圆馍，叫回盘。近年来，提前预订酒店待客者逐渐增多，也有一些家庭、亲友间商定，不再互相串走，每年团聚于其中一家，轮流坐庄，或在家接待，或酒店相聚，以适应快节奏的生活。

元 宵 节

锣鼓喧天，送走新春；火树银花，迎来元宵。人们还没从春节的拜年声中回过神来，农历正月十五的元宵节便接踵而至。如果说腊八节揭开了年节的序幕，那么元宵节则是年节光彩的落幕。如果说新年是一台全民参与的民俗大戏，那么元宵节就是这台戏的压轴节目。因之有俗语称："小初一，大十五。"元宵节成了千百年来最热闹的传统节日，亦历来在岐山民间颇受重视。

元宵节，也叫"元夕""元夜"，又称"上元节"，因为这天的礼俗食品为元宵而得名元宵节。元宵节的主要活动是观灯，所以也叫作"灯节"。道教称正月十五为上元，七月十五为中元，十月十五为下元，合称"三元"，分属天、地、水三官的诞辰。上元燃灯的记载很早，虽然战国时代民间即有祭"太一"的活动，但无燃灯习俗，汉代实行宵禁，有执金吾掌其事，但到上元燃灯时，皇帝下令放夜，解除宵禁，让百姓看灯。远在汉代，就在这天晚上燃灯，以纪念太一神（北极星君）。据《僧史》记载，元宵张灯最早出现于汉代，当时叫"上元燃灯"。汉明帝从西域引进"腊月赏灯"的习俗，西域腊月晦日，称为大神变，该日燃灯表佛。此俗引进中国后，逐渐发展为赏灯。汉武帝时为祭祀"太一"神，正月十五晚上的灯火一直要点到第二天天亮。至南北朝，张灯已蔚然成风，梁建文帝有《列灯赋》，陈后主有《山灯》诗。唐代把赏灯时间正式定为正月十五。据史书记载，唐睿宗景云二年（711年），正月十五里夜里，于安福门外，做了一个二十丈高的灯轮，用锦绣加以装饰，挂上五万盏花灯，就像一株巨大的花树。成千的宫女和长安少妇在灯下唱歌跳舞。到了唐玄宗时，元宵赏灯更为盛行。规定元宵节前后三夜弛禁，开市赏灯。宋代与唐朝相同，曾颁布诏令，把元宵节赏灯作为一项制度定下来。宋太祖赵匡胤增加十七、十八两日，使元宵节期增至五天。南宋理宗淳祐三年（1243年）"预防元宵，自十三日起，巷陌桥道，嗟编竹张灯"，为鼓励观灯，凡来观游者皆赐酒一杯。唐宋时灯市上开始出现灯谜与各式杂耍技艺。孟元老《东京梦华录》载：京都御街"两廊下奇术异能、歌舞百戏，差参相切，乐声嘈杂十余里。"明太祖建都南京，为了招徕天下商户，放灯十天。清太宗时，仍然规定元宵三夜，开市赏灯。到了近代，全国各地赏灯的日期虽然参差不齐，但赏灯的风俗已经固化了。民国以来，元宵节赏灯的时间一般为三天，正月十四为"试灯"，正月十五为"闹灯"，正月十六为"完灯"。

吃元宵

元宵节不能不吃元宵，元宵古时就是岐山元宵节的特有风味食品。元宵一般是在正月十五晚上煮食，家家户户皆然，也有早饭和午饭食用的。元宵是一种传统民间食品，也叫作汤圆，是用糯米粉和成面，内包糖馅（芝麻、花生、枣泥等），做成圆形。多数是用馅做中心，外滚粘米粉而成圆形。因形状是圆的，象征全家团圆。味道香甜，意味着日子过得美满甜蜜，亦取其团圆和睦之意。这天，出嫁的女儿给娘家送的礼品是元宵，娘家招待也是元宵。元宵本为节日食品，现除元宵节食用外，亦已成为家常食品。

关于元宵节和吃元宵，民间亦有传说：是说汉武帝有个宠臣名叫东方朔，他是个既善良又风趣的人。如果宫里有谁得罪了汉武帝，总要靠东方朔来讲情。有一年冬天，下了几场大雪，汉武帝觉得有点无聊。东方朔就到御花园去给汉武帝折梅花。刚进园门，就见有个宫女泪流满面准备投井。东方朔急忙上前搭救，并问明她要自杀的原因。原来，这个宫女叫元宵，家里还有双亲和一个妹妹。自从她进宫以后，就再没和家人见面。每年到了腊尽春来的时节，就比平常更加思念家人。她想，既然不能在双亲跟前尽孝，还不如一死了之，于是就来投井。东方朔听了她的遭遇，非常同情她，就向她保证，一定设法让她和家人团聚。这一天，东方朔上宫后便在长安街摆了一个占卜摊。不少人都争着向他占卜求卦。不料，每个人所求都是"正月十六火焚身"的签语。一时之间，长安城里起了恐慌，人们纷纷求问解决办法。东方朔就说："正月十三傍晚，火神君会派一名骑粉色驴的红衣姑娘，见到立即跪地哀求。"那姑娘便说："我是领旨来烧长安的，玉帝还要站在南天门上观看。既承父老乡亲求情，我把抄录的偈语给你们，可让当今天子想想办法。"说完，便扔下一张红帖，扬长而去。老百姓拿起红帖，赶紧送到皇宫去禀报皇上。汉武帝接过来一看，只见上面写着"长安在劫，火焚帝厥，十六天火，焰红宵夜。"汉武帝不由大惊，连忙请来了足智多谋的东方朔。东方朔假意地想了想，就神情自若地说："听说火神君最爱吃汤圆。万岁焚香上供，传令京都家家都做汤圆，一齐敬奉火神君，再传谕臣民一起在正月十六晚上挂灯，满城点鞭炮、放烟火，好像满城大火，这样就可以瞒过玉帝了。"帝随后就传旨照东方朔的办法去做。到了正月十五，长安城里张灯结彩，游人熙来攘往，热闹非凡。元宵的父母也带着妹妹进城观灯。当他们看到写有"元宵"字样的大宫灯时，惊喜地高喊："元宵！元宵！"元宵听到喊声，激动地跑到双亲和妹妹跟前，一家人终于团聚了。如此热闹的一夜，长安城果然无事。汉武帝大喜，便下令以后每到正月十五都做汤圆，供火神君。正月十六照样全城挂灯放烟火。因为元宵做的汤圆最好，人们就把汤圆叫作元宵，也把这天叫作元宵节。关于正月十五挂红灯，闹元宵还有一些动人的传说，不再一一叙述。

闹花灯

欢度元宵节，千百年来最热闹的莫过于闹花灯。特别是送灯笼的礼俗在民间流传久远。送灯笼的礼俗上文讲过，故说说灯展观灯。因在岐山境内尤是乡村，盛行放灯、观灯的风俗活动。随着时代的发展，元宵节观灯活动，越来越兴旺发达，规模也越来越大。民国以来，各乡（村）各单位都在元宵节前后举行盛大的花灯展览。灯的品种花样繁新，古时花灯只限于油灯、漆灯、蜡烛灯等，那时的"火树银花"也不过只限于小手工业罢了。今天的电子化和机械化，给灯展增加了崭新的内容，如大型的电动灯、机械化的灯充满灯市。观灯活动盛况空前。夜晚，城镇门楼上、主要街道的树枝上、电杆上，高悬各式各样花灯，五颜六色，煞是迷人。

猜灯谜

节庆娱乐活动，旧时常见于正月十五元宵节期间。亦称"射虎""打灯笼""打虎"等。人们将谜面贴在灯罩上，任人猜测，故称灯谜。猜中的扯下写谜语的纸条，领取谜赠，也有只猜不扯的。谜语的起源很早，可以追溯到春秋时代。当时的游说之士为了劝说君王，往往不把本来想说的话直接说出来，而借用别的言语来暗示，让对方得到启发，这种"隐语"当时叫"廋词"，也叫"隐语"。秦汉以后，作隐语之风大盛。发展成为元宵佳节的重要娱乐活动之一。清顾禄《清嘉录》："好事者巧作隐语，拈诸灯，灯一面覆壁，三面贴题，任人商揣，谓之'打灯谜'。谐头皆经传、诗文、诸子百家、传奇小说及谚语、什物、羽鳞、虫介、花草、蔬药，随意出之。中者以隃糜（墨），陟厘（纸）、不律（笔）、端溪（砚）、中扇、香囊、果品、食物为赠，谓之谜赠。城中有谜之处，远近辐辏，连肩挨背，入夏乃已。"灯谜发展到近代，又新增了许多谜格。现在通常的谜格有24个：秋千格、卷帘格、白头格、徐妃格、求凰格、谐音格、玉带格、封底格、燕尾格、虾须格、加冠格、脱帽格、纳履格、解带格、脱靴格、系铃格、上楼格、下楼格、掉首格、掉尾格、中分格、碎锦格、辘轳格。每一种谜格都有其规定的格式和要求。现在在元宵节期间，打灯谜成了一项极具娱乐性，又具宣传性的群众性娱乐活动，成为灯谜爱好者和大众的乐园。十四、十五初夜，或院内、或门口，举办灯谜晚会的随处可见，男女老少仰头视，低头思，以猜中为乐；间或有奖品相赠，更觉情趣盎然。

打锣鼓，耍社火，放焰火

岐山人喜爱锣鼓，打锣鼓更是元宵节期间的一道喜庆大餐，俗话说："元宵节要热闹，打着锣鼓耍社火。"打锣鼓相关情况前文已述，不再啰唆，耍社火也已扼要简介。为使人们进一步知晓岐山社火的全貌，故将民国年间岐山流行的由庞健行整理的《岐山社火歌》抄录如下：

春光来遍地寒冬风解冻，普天下众黎民万象更新。

观淑气露沉沉草木发嫩，各庄村贺新节锣鼓齐鸣。

韩旅长①下命令十分有幸，命各村耍社火共庆太平。

一来是敬药王神灵显应，二来是龙抬头百物频生。

教军民成一体一呼百应，百姓们借此事抖抖精神。

西庄子上坳里齐声答应，杜家里索王村随后紧跟。

牛家拐草场村衣服借混，青化的高芯子连夜进城。

五区里蔡家坡人心更胜，闻命令叫总管急速认真。

请司令做绫旗新式题品，文明话能体现革命精神。

做衣服买靴子快走虢镇，蟒袍子少不得二三十身。

打脸的切莫要老不中用，超特等即速请一二十名。

抬木炭称春茶点心尽用，谁饥了随便吃煎茶一冲。

打脸的有闲时你就过瘾……

天一明赶快打故事排硬，寻一个稳妥人一司渗金。

发盘缠折票子随便就捆，三眼铳镢把炮头里进城。

打锣鼓上了原各村齐请，限初一岐山城再看输赢。

车社火马社火秋千龙灯，你一来他一往均有感应。

又是那背社火装得干净，看起高不危险实在省功。

演芯子将人的心力费尽，又要悬又要妙又要出神。

山社火碾盘子也算一景，抬社火上写的革命维新。

柳木腿全凭的两腿出劲，房副官可算得全部超等。

车社火最讲究跑马活动，马社火最讲究脸上贴金。

衣服好装得多还是蔡镇，河家道走得好箱底太穷。

五色纸扎开鞭黄表不用，封神上背背光到底威风。

牛家原穿靠子看起精硬，阵儿上是药王收伏五参。

杜家里打秋天有些风景，鼓槌长缨花多那是郭村。

①韩旅长，即当地驻军头目韩廷芳。

打鼓的身披红越打越兴，拍钹的一齐翻看起灿明。

牛家拐骑水牛也算鼓劲，论脸子焊不往东北几村。

西庄子打锣鼓出乎大众，马骡子当啷啷实在中听。

车社火拷秋鸾人人争论，都夸奖包头的长得聪明。

这一家全家福父子相认，那一家铡包勉上的包公。

皆因是大郑公有些凶横，蔡家坡装了个霸王掘坟。

盘子山费心机人皆称颂，装的是药王爷坐虎针龙。

高芯子木柯寨又高又稳，下站的木瓜将上立桂英。

杨宗保在中间骑马踩镫，人说好那个娃还抖串铃。

关夫子保皇嫂轶群迈众，袍又新脸又红真赛天神。

王景龙与苏三三堂会审，观音母降火龙装的可通。

高芯子全凭的搽脂抹粉，马社火猛张飞两眼圆睁。

这一家瘟黄阵上的杨任，那一家米粮川敬德吐红。

老君爷收五藏五龙奉圣，玉皇爷收五子司马逼宫。

哼哈将显神通石雷震地，孙夫子过沙江雷炮兴兵。

五雷阵上毛遂为救孙宾，冲宵楼花蝴蝶可算英雄。

临潼山伍子胥当场举鼎，黄花山文天祥又收郑忠。

四天王降鳖精撞得太硬，从未见这个事出自何经。

若非是三眼铳前后护定，那一天说不定有人发疯。

渚村的背社火格外鼓劲，缝裙子做衣服连夜加工。

叫纸匠做额子纸花筹用，女上寿就糊了几十灯笼。

花担子花篮子牛兼麒麟，扮天女散鲜花一片皆红。

那一天装的是艾谦传语，赵匡胤送妹子孟母择邻。

衣服好女娃乖就算头等，草场村样样好不亚渚村。

街道里车扎下两道黑岭，不分男不分女拥挤不通。

这个夸那个奖纷纷议论，这其间军与民一气贯通。

妇女们又是说又是手等，老婆子不受挤拐棍乱撒。

说不尽一时的各种奇景，虽然是玩耍事人上有人。

河南籍几个人十分精致，跑花船耍狮子到底超群。

舞老虎最讲的往前一蹦，耍龙灯看不出是假是真。

倘若是本地人负此责任，龙身上难免烧几个窟窿。

花瓣上坐美人演的干净，恰赛过洛阳桥仙女现身。

作此句徒不为热闹高兴，实关乎全年运一气转通。

放花炮驱瘟神人不生病，打锣鼓喧天地造化之功。

打花脸为表出古人情性，白主奸黑主傲红色主忠。

黄主燥绿主盗神鬼多用，兴戈矛展旌旗故荡春风。

论语载乡人傩古有明证，孔夫子披朝服敬而且尊。

非是我好戏耍一遍之论，方相是掌此事周礼主明。

放焰火的风格，在岐地旧已有之，尤其以元宵节最甚，夜晚施放时观者如堵。在岐山的焰火形式中，大体上分为两种：一种是现在的火药烟花，当地人叫"放花"；一种是选址于大树下，利用杠杆作用，将事先烧熔的铁水击打喷射，碰到树枝，铁水花四散挥洒，形成火树银花，人们叫作"打花"。元宵节的焰火，普遍流行的是第一种，即烟花荟萃的大型焰火，一般在城外空旷处施放。民间与团体施放交织，纸质焰火与高空礼花弹竞彩。稍大的焰火晚会以燃放礼花弹、组合烟花、架子烟花等为主。施放中，现场精彩纷呈，礼花弹一会儿齐射，一会儿交替发射，夜空中仿佛无数天女散花，五颜六色的"繁星"弥漫苍穹，构成一幅幅奇妙壮丽的图画。有的如金蛇狂舞，有的似百花齐放，宛如一朵朵娇艳的牡丹、傲霜的金菊、清纯的雪莲，最神奇的是礼花中还不时飘出一盏盏大红灯笼，一串串彩色灯笼，现场产生的各种光与色的变化，绚丽多姿，引起观众一阵阵惊叹。

蒸 "奶奶馍"

正月十五岐山家家户户要蒸 "奶奶馍"，民间俗称 "熟面包子"。用以在元宵夜敬献家宅六神、先祖以及元宵期间家中食用。

"奶奶馍" 壮如老鼠，又颇似奶头，故名奶奶馍。奶奶馍用黑豆或花椒子嵌成两眼，用面搓成尾巴，内包糖、肉丁、豆或油面等。油面（熟面）做法：将部分干精面粉倒在锅里滴菜油，慢火温炒，待面粉稍成黄色，这时加上荤油，用小铲翻动，并将炒葱花、炒芝麻、五香粉、食盐加在里面，作为包子的馅。元宵节做此馍，此馍暗喻神灵保佑自家年轻媳妇能似老鼠一般多生娃娃。

龙 头 节

农历二月初二，是传统的 "青龙节"，又称 "龙头节" "踏青节" 等。据说这天起，沉睡了一冬的龙，要开始抬头了，所以叫作 "青龙节"。俗谚有 "二月二，龙抬头" 之说。民间传说，经过冬眠的龙，到这时就会被春雷唤醒，从此便要飞腾升天，行云布雨。这一传说与古天象有关：古代用二十八宿表示日月星辰在天空中的位置，以判断季节。二十八宿中的角、亢、氐、房、心、尾、箕七宿组成一个完整的龙形星座，角宿为龙的角。每年农历二月，春风以后，黄昏时龙角星就从东方地平线上冉冉升起，这一天象就称 "龙抬头"，所以二月二也叫 "龙头节"。由于岁差的原因，现在农历三月以后龙角星才能出现在东方。龙头节其时正当公历三月初，处于 "惊蛰" 气节。冬眠的动物开始苏醒，草木开始发芽。"春雷响，百草兴。" 天气变暖，河水解冻，大自然呈现出一片生机益然的景象。此俗唐代已有记载，白居易《二月二日》诗云："二月二日新雨晴，草芽菜甲一时生。轻衫细马春年少，十字津头一字行。"在唐以前这天没有多少活动，唐以后始有"挑菜""迎富""踏青"等活动，时称"挑菜节""迎富日"。"二月二，龙抬头"从宋代以来已经成为中国人固定的民俗节日，到宋末元初，在中国北方一带，又和"惊蛰"联系起来，逐渐演变成为以驱害和祈丰收为内容的传统节日。明清以来，二月二的风俗活动，更加丰富多彩，逐步有了"爆米花""打围墙""围仓囤""引钱龙"等风俗活动。

龙是古代传说中一种神异动物，它有鳞、有角、有须、有爪，能呼风唤雨。在龙、凤、麟、龟四大灵物中为首。在中国人的信仰中，龙在天空、地面、水下无处不有。是中国人独特的神灵信仰，是华夏民族最重要的吉祥物。神话中能治水。二月二后气温回升，黄河流域广大农村普遍进入春耕季节。敬奉龙王是旧时农村中的风俗，历来为民间所重视。村上有龙王庙的，二月二这天，或集体或个人前去烧香祭拜。凡有井的人家，当天要把井盖揭开，以求"细雨下得满地流，一年吃用不发愁"。同时，要在自己井桩前设一神堂，烧香，献供品，顶礼崇拜。据说，"磨是白虎""碾是青龙"，白虎青龙决定磨子与碾子的安危。因而，二月二当天，有磨子的人家早早起来，把磨子的上扇支起来，俗谓"龙抬头"。并给石磨石眼两旁贴上红色的对联，然后摆上香案，献供品，烧香，作揖叩拜。当天妇女不做针线活，忌动剪刀，怕伤害龙眼。通过祭龙神、避龙忌，以此来助兴龙抬头，祈求龙兴风作雨、保佑丰稔，并招祥致福。现在境内祭龙神的仪式已极其淡化，一些风俗已不复存在。

龙头节当日，传为龙王生日，岐山农家此时都要炒食各种豆子。民间戏称"二月二，驴上料"。这实则是一句并无恶意的骂人话，为什么呢？过去，饲养牲畜的人家，每隔一段时间就要在石磨上给驴马牛骡诸牲口磨料，以黄豆、黑豆为主，有时还需在铁锅里炒一下，以刺激牲口的食欲。炒豆者及旁人也往往尝食，因而使二月二吃豆子的习俗竟与驴们沾上了边。至于二月二何以有食豆的习俗，民间对此亦有传说：唐朝武则天当皇帝时惹怒了玉帝，玉帝认为人间那么多堂堂男子，岂能让一个女子执掌朝政？便传谕四海龙王不向人间降雨，使其不能国泰民安、风调雨顺。可龙王体恤民情，违旨降雨，玉帝将其压在山下，并说"金豆"开花时此龙方可升天。为解救龙王，人们四处找金豆。次年二月二悟出金豆即玉米，于是人们奔走相告，家家爆玉米花，并在院中放桌供玉米花。人间"噼里啪啦"的声音，惊动了天宫的玉帝，看见到处是金光闪闪的豆儿开花，就叫二郎神召回了龙王。此后每年二月二，人们便爆米花，包括大米和玉米，还有白豆和豌豆，并炕食棋豆，用以供神。大米和玉米爆的花，好似商店卖的米花糖。炒白豆或豌豆，都是把其加热而爆开花。炕棋豆即把发好的面，加上调料，擀薄切成小方块，表面粘上芝麻，放入锅内用文火炕熟。做好的棋豆吃起来酥脆可口，别有风味。因形状恰似围棋盘上的方块，故名棋豆。临近二月二那几天和二月二当天，岐山城乡爆米花声持续不断。这是人们用强烈的爆破声，来庆祝龙的抬头，也是为龙贡献的一份最珍贵的食品。俗传二月二时，在灶房里用炒和炕的方法，制作棋豆等食品，可使自家庭院不生害虫。有"二月二，吃豆豆，人不害病地丰收"的民谣。炒好的米花、白豆、棋豆等，既自家人吃，还要留下一部分送给至亲。也要寄给外地工作的家人，以表示节日的祝福。

岐地还有个独特的习俗：娘家人要给新出嫁的女儿在第一个龙头节送豆豆和面花等。民间将此称为"送花花"。距二月二还有几天，新娘的娘家人就忙活开了，准备、制作各种豆类和面花。去时礼物不仅有爆米花和豆类，油炸面花不会少。把面花放在篮子上面，不仅好看，还是极具观赏价值的艺术品。面花系民女自己制作，手巧的民女一把剪刀能做出几十种花样。面花除了自家使用，有些还拿到集市上去卖。二月二前，岐山街道卖面花、爆米花、豆类的摊点年年不下百十家。岐山油炸面花是当地独有的地方文化产物。面花制作以县城周围的村镇最为讲究。追溯起来，岐山面花历史悠久，周已有雏形，兴盛于唐。岐人俸祀姜嫄，因为姜嫄生育了后稷，才有了周部族的繁衍兴旺，面花则是远古生育崇拜与周礼相彰而发展的产物。它作为馈赠食品，在每年的二月二，就成了为出嫁女儿"送豆豆、送花花"的点缀食品。岐地风俗，所送豆豆，必须爆裂开花，取意"金豆开花""开花结子"。精致的面花依次摆放于赠品上，女儿婆家则转增以示人，为新媳妇博得好名声，此则《诗经》所云："太姒嗣徽音，则百斯男。"风俗又有一说：女儿出嫁后，吃娘家送的豆豆、面花，能避邪祈福，生儿育女不得天花。因之，岐山自古以来家家都做面花，虽粗细巧拙有异，但形式大体一致。母女相授，代代流传。

由于正月讲究不理发，民间亦多在这天理发。旧时这天城镇理发铺、村落中理发者人数众多，剃头匠挑着担子走村串乡，成为生意最好的一天。这一习俗现已淡化。

清 明 节

清明节，又叫踏青节、行清节、三月节、祭祖节等，一般在农历三月，春分节后十五天。清明节既是二十四节气之一，又是传统的风俗节日。作为节气，它与纯粹的节气又有所不同。节气是我国物候变化、时令顺序的标志，而节日则包含着一定的风俗活动和某种纪念意义。因此清明节身兼二任，亦为传统祭祀、娱乐节日。据《周礼·春官·冢人》记载："凡祭墓，为尸。""尸"就是神主，可见早在西周时已有祭墓之俗。至于为何称清明，《岁时百问》中载："万物生长此时，皆清洁而明净，故谓之清明。"《月令七十二候集解》曰："三月节，物至此时，皆以洁齐而清明矣。"《历书》说："春分后十五日，斗指丁，为清明，时万物皆洁齐而清明，盖时当气清景明，万物皆显，因此得名。"由此看出，清明节的名称与此时天气物候的特点有关。这时天气晴朗，风和日丽，四野明净，春意盎然，大自然处处显示出蓬勃生机，桃红柳绿的春天来临了，用"清明"称这个时期，是再恰当不过的一个词。西汉时期的《淮南子·天文训》中说："春分后十五日，斗指乙，则清明风至。"

"清明风"即清爽明净之风。虽然作为节日的清明在唐朝才形成，但作为时序标志的清明节气早已被古人所认识，汉代已有了明确的记载。二十四节气是中国古代天文学家和民众在生活和生产实践中总结出来的气候规律，比较适宜地反映了一年四季气温、物候、降雨等方面的变化，对人们依时安排农耕、蚕桑等活动有不可或缺的指导意义。到了清明，气温变暖，降雨增多，正是春耕春种的大好时节。所以清明对于古代农业生产而言是一个重要的节气。农谚说的"谷雨前后，点瓜种豆""植树造林，莫过清明"，正是说的这个道理。东汉崔寔《四民月令》记载："清明节，命蚕妾，治蚕室……"说的是这时开始养蚕。其中的"清明节"还只是一个节气，不是节日。清明节气在时间和天气物候特点上为清明节俗的形成提供了重要条件，该节气被看作清明节的源流之一。清明节历史悠久，到现代社会仍然很受重视，有其独特的社会功能。而在节俗的形式与内涵上均有所调整和革新。清明节的起源还有一种说法，即认为来源于介子推的故事。春秋时，帮助晋文公重耳复国的大臣介子推功成身退，隐居山西境内的绵山，不愿出仕。绵山山高路险，树木茂密，找人谈何容易。晋文公为迫使他出山做官，于清明节前夕来此焚山烧树，想逼出介子推。介子推宁肯抱树焚身也不愿出山，终被大火吞噬。晋文公后来规定每到介子推被烧死那天，禁火三日，不吃烟火食。便有了寒食节，寒食活动一直延续到清明这个节气的日子，且寒食节慢慢和清明节合二为一，被清明节取代了。

与其他传统节日相比，清明节有三个特色：一是兼有节气和节日两种"身份"；二是以户外活动（扫墓、踏青等）为主；三是兼有肃穆（或悲伤）（在扫墓祭奠活动中）与欢乐（在踏青等游玩活动中）两种情感氛围。这些特色的形成与其来历密切相关。从起源和形成的角度看，清明节是"清明"节气、寒食节、上巳节三者融合的节日。因此，清明节除了祭祖扫墓外，还有各项野外健身活动，使整个节日除了有慎终追远的感伤情怀，还融合了欢乐赏春的气氛；既有生死离别悲酸泪，又到处是一派清新明丽的生动景象。所以，在中国所有节日中，可以说清明节是个极富特色的节日。

家　祭

清明节自古有扫墓、祭祖的风俗，亦称"扫拜""祭扫"，专指打扫、修理坟墓，亦泛指墓祭，为民间家祭例日之一，谓之对祖先的"思时之敬"。清明墓祭之俗起源甚早，西周对墓葬十分重视，已有祭墓之俗。《礼记·檀弓》载颜渊与子路对话曾提及"哭墓""展墓""式墓"，三者均属扫墓。然而祭扫坟茔形成一个固定的风俗，当从汉代开始。据《后汉书》记载："始皇起寝于墓侧，汉因而不改，诸陵寝皆以晦、望、二十四节气、三伏、社、腊及四时上饭其亲。"二十四节气包括清明在内，就是说汉代继承了秦时的先例，于每年清明节扫墓祭祖，就形成了一种较为广泛的风俗。唐时墓祭成为定制。《旧唐书·玄宗纪》："五月癸卯寒食上墓，宜编入五礼，永为恒式。"宋代规定从"寒食"至清明"祭扫坟墓三日"，"太学"放假三日，"武学"放假一日，让师生扫墓郊游。是日"官员士庶，俱出郭省坟，以尽思之敬"。清代《帝京岁时纪略》："清明扫墓，倾城男女，纷出四郊，担酌挈盒，轮毂相望。"杜甫《清明》诗："著处繁花务是日，长沙千人万人出。渡头翠柳艳明眉，争道朱蹄骄啮膝。"

岐山作为西周故地，更是得风气之先，民间多在清明节前祭扫先祖坟茔，俗称"上坟"或"祭坟"。节期未到，就有人陆续到自己祖先的墓地祭扫。给坟墓培土，铲除杂草。凡祭扫者，家长率领子孙在祖坟前设香案、备果食、烧纸钱、作揖磕头。若坟有数处，则先长后卑。唯有新丧者，儿孙则在前一月（一般在正月十五后）扫拜。祭扫时，多携香烛、酒馔等祭品，烧纸当然少不了。冢上压纸一张，以示此坟有主。境内的五丈原、安乐等地，固俗更多。祭扫者均要穿白戴孝（三年间），旧坟着普通装即可，远在外地工作的孝子贤孙一般都回乡扫墓祭祖。因事不能回家的人，也要以"事死如事生"的心态，捎回纸钱，让家里人代为焚烧。出嫁的女儿，回娘家给已故双亲扫墓是再正常不过的事。还有特殊原因无法祭坟者，在现住所附近十字路口焚化纸钱，并在纸钱上书死者名讳，以文专指。南宋诗人高翥"南北山头多墓田，清明祭扫各纷然。纸灰飞作白蝴蝶，泪血染成红杜鹃。日落狐狸眠冢上，夜归儿女笑灯前。人生有酒须当醉，一滴何曾到九泉"（《清明日对酒》）一诗，就是家族式祭祖的描述。清明节在墓地祭祀，祭祀者离祭祀对象最近，容易引起亲近的感觉，使生者对死者的孝思亲情得到更好的表达和寄托。同时在祭奠中，长者通过言传身教，可以教育下一代记住祖先，不忘养育之恩。

岐山素以礼仪之乡著称，今清明祭扫坟茔之俗仍如旧俗，为民间所重视。随着互联网的发展，亦有在互联网上为逝者建虚拟墓地或个人纪念馆，然后在逝者陵墓前进行上香、献花、行礼等方式扫墓祭拜，成为一种绿色扫墓方式。

公　祭

岐山清明期间境内主要有公祭周公活动，亦有扶眉战役烈士陵园及其他烈士陵园的祭扫活动等，以缅怀先祖功德，追忆先烈事迹。新中国成立后每逢清明，干部、职工和学生，作为年例要携带花圈、花束，前往烈士陵园凭吊，纪念那些为人类文明和自由解放事业而献身的革命先烈。

清明节前后举行公祭元圣周公大典是岐山的一件盛事。史料记载，明代万历年间，官方曾在周公庙组织过一次公祭周公大典，场面浩大。后来趋于沉寂。在传统文化被日益重视的氛围中，为了缅怀周公伟绩，传承和弘扬周礼文化，使人们在追思中感悟，在感悟中奋进，2005年4月9日岐山县人民政府在周公庙广场举行了新中国成立后"首届中国岐山乙酉年公祭元圣周公姬旦大典"，后于2006年4月7日举行了"中国岐山丙戌年公祭元圣周公姬旦大典"，于2007年4月18日举行了"丁亥年公祭元圣周公旦大典"，于2009年4月8日举行了"己丑年公祭元圣周公大典"，于2015年4月5日举行了"乙未年公祭元圣周公旦大典"。公祭仪式肃穆庄严，隆重典雅。参加人员主要为党政机关和一些事业单位人员以及社科界代表。仪式主要有敬献花篮、恭读祭文、瞻仰周公像等。乙未年公祭仪式由岐山县政协主席傅乃璋主持，仪式主要有击鼓鸣钟、礼炮锣鼓告祭等。县政府主要负责人恭读的祭文既有对先贤业绩的恭扬，亦有传承嘉风再创辉煌的昭告。因恭读祭文是公祭的主要活动，故将乙未年（2015年）祭元圣周公旦祭文摘录于后。再者祭文璧坐玑驰，沉博绝丽，哀梨并剪，笔酣墨饱，聆听和欣赏是莫大的收获和享受。

节选乙未年祭元圣周公旦祭文如下：

……惟吾圣祖，大德大名。助兄伐纣，建立西周。东定三监，匡扶周室。摄政七载，绥靖四方。营建洛邑，宅兹中国。封建诸侯，百姓之源。制礼作乐，文明先河。《金縢》之祝，德配文武。《立政》之诚，客用常人。位列三公，天作元辅。吐哺握发，天下归心。伟绩列光，日月同辉。

惟吾周胄，秉承家风。绵绵瓜瓞，普天同仰。孔子萦梦，尊为元圣。儒家宗法，奉之肇造。魏武歌行，忧思难忘，唐宗昭祀，学者慕向。翠凤突兀，清泉世通。高山仰止，景行行止。泽化人文，民本忠信。周邑在兹，厥庙尊享。岐民咸集，四时祭祀。唯德唯行，时代歌颂。

惟吾岐山，大势已成。经开新区，千帆竞发。历史名城，日就月将。城乡建设，如火如荼。民俗产业，方兴未艾。电子商务，蒸蒸日上。善谋善为，夙夜在公。立说立办，蔚然成风。冲刺十强，致力百强。共建四县，齐奔小康。春风浩荡，松柏凝香。雅乐声扬，寄吾衷曲。大礼告成，伏惟尚飨。

端午节

农历五月初五，是传统的端阳节。端者，初也。其时正是夏季之中，太阳正合于正阳的位置，故名。也叫"重五节"，因其五月五日相重也。中国古代称初一为端一，初二为端二，依序而称，初五为端五，也叫"端午节"。农历是以地支纪月，正月建寅，二月为卯，顺序至五月为午，所以也叫"端午节"。节俗活动中有装饰小儿女及请嫁女归宁之俗，故又称"女儿节"。端午节是我国重要的传统节日，其来源有多种说法。一说源于夏、商、周三代的夏至习俗；一说起源于恶月、恶日之说。在周代的民俗观念中，五月五日为恶月、恶日，即不吉利的日子。据《史记·孟尝君列传》，当初，齐国的贵族田婴有儿子40余人，他的贱妾有个儿子名文，田文是在五月五日出生的。田婴对田文的母亲说："不要养大这孩子。"田文的母亲却偷偷把田文养大了。孩子长大后，他母亲乘他的兄弟晋见田婴的机会，让他的儿子出现在田婴面前。田婴对田文的母亲很生气，说道："我让你抛弃这孩子，而你竟敢抚养他，这是为什么？"田文向父亲叩头，趁机问道："您不育五月里出生的孩子，是什么原因呢？"田婴说："五月里生的孩子，长到和门户一样高的时候，将对他的父母不利。"田婴是战国时人，可见五月五日为岁时禁忌的习俗由来已久。五月五日为什么是不吉祥的日子呢？学者认为，五月正当仲夏，暑热即至，毒虫滋生，易犯疾病。萧兵先生说："五月五日，即所谓端午，时在春末夏初转变时期，还寒乍暖，百虫蠢动，疾病流行，可能有某种瘟疫、灾难于端午在一定地区、一定部落里发生，悲惨和恐惧的记忆、传说、迷信造成并扩大为范围愈来愈大的禁忌、传统和风习。"

杨琳先生认为，五月初五为不祥之日的观念还来自古人的岁时迷信。他说："古人为何认为养五月所生之子不利父母呢？五月是阴阳交替的时节。"子女生长应于阳气，父母老成，应于阴气，养子则是助阳，助阳则是克阴，故云不利于父母。又据《吕氏春秋·仲夏纪·仲夏》，这个五月，夏至到来，阴阳相争，死生相别。君子整洁身心，居处必深邃，身体要安；禁止女色，不许嫔妃进御；减少姜味，不要使它齐和；去掉一切嗜欲、安定心气，各种器官安静无为，做事不要盲动，以待确定阴阳的成败。《吕氏春秋》为秦相国吕不韦召集门下宾客儒士集体编纂，基本反映了吕不韦的思想。其中十二月纪以阴阳五行学说为指导，阐明四季十二月的天文、历象、物候等自然现象以及为顺应时气天子所应遵守的规定和发布的政令，反映了上层社会的见解和意志。因此将五月看作恶月、凶月，得到了周代从庶民到王侯的认同。这两种说法可以解说端午节避五毒、浴兰等节俗，为端午节部分节俗的信仰基础。

最为流行的端午节起源是汉末以后逐渐定型的纪念屈原说，且已逐渐被人们认可。包粽子及龙舟之俗即为纪念屈原而来。在民俗传说中，端午节还和介子推、伍子胥、曹娥、陈临等历史人物有关。资料显示，端午节的正式形成时间不是在周代，而在汉晋之间，但这个节日的酝酿确是在周代，孕育、滋养这个节日的土壤是楚文化、吴越文化、齐文化、秦文化的氛围和楚、吴越、齐、秦的民俗传统。

还有一种说法认为端午节源于五月驾舟竞渡。关于五月龙舟竞渡的起源，文献记载甚多。《事物原始·端阳》引《越地传》云："竞渡之事起于越王勾践，今龙舟是也。"以上记载表明，汉魏六朝时期虽然楚、吴、越三国的故地都盛行龙舟竞渡之俗，但竞渡的内涵和纪念人物并不一致。在楚故地是纪念屈原，在吴、越两国故地，或是迎接忠心耿耿的钱塘江潮神伍子胥，或是凭吊卧薪尝胆、复仇灭吴的越王勾践。学者认为，这些竞渡习俗及其有关解释，时代都较晚，而隐藏在龙舟竞渡活动深处的潜意识则是崇龙和祈龙。中国南方夏历多雨，山洪往往暴发。而南方及东南沿海一带，每年5—10月，时常台风劲吹，暴雨倾盆。这些自然现象，使缺乏科学知识的先民萌生了五月为龙生之月的想象。闻一多先生指出，端午节是"古代吴越民族——一个龙图腾团族举行图腾祭的节日，简言之，一个龙的节日。"凌纯声先生也说："龙船，以民族学眼光视之，即越人祭水神时所驾之舟。"这些都是有影响的见解。大约在汉晋之际，作为南北文化中界的楚地人民，将传承已久的龙舟竞渡习俗纳为五月初五（或十五）吊屈原的节日活动内容，并赋予竞渡活动以拯救屈原、为屈原招魂的新的含义。又把传承五月的蠲毒、采药、浴兰以辟邪的习俗与上述五月五日的节日内容粘合在一起，于是端午节就形成了。

食油糕粽子

岐山人过端午节，多食油饼、油糕、麻花、粽子等。俗话说："麦上场，女看娘，油糕粽子卖得忙。"端午常与夏收相伴。谷雨过后，街道的油糕摊要比平时多得多。平时要买一般不排队，端午时油糕摊前会排起很长的队。捏油糕的女人左手揪面剂子，窝在手心，右手食指转两圈，装一小勺红糖馅，收住口，掐掉多余的面，压平就是油糕剂子。油糕馅除红糖外，还要加桂花或玫瑰酱。炸油糕是手艺活，早年大都是皮糙肉厚的男人干，现今女人干得很多。油糕剂子下入热油锅，铁笊篱轻轻划拉，金灿灿的油糕浮起来像一群鱼，胖嘟嘟、圆鼓鼓，趁热捞出，码放在盘子里。炸好的油糕，吃起来皮酥脆、馅软甜，红糖缓缓流淌，会吃的人就好这口吸糖的甘甜。粽子则是制作者在家里做好后，带到大街上出售。粽子的造型，有正三角形、斜三角形、螺角形、铲头形等，或三角形、四角锥形、枕头形、小宝塔形、圆棒形等。粽子一般用竹叶或苇叶做外皮，里面的配料用糯米加红枣、花生米，吃的时候再加上蜂蜜，特别清甜爽口。

端午节早饭，主食一般为油饼、荷包蛋和油糕及粽子。油饼是真正的菜籽油白面，提起来一层层似连又断，黄灿灿、香喷喷，闻着就让人流口水。而荷包蛋在慢火中来煮，由流黄逐渐变成了浑圆，加糖或盐吃一口整天都是幸福的味道。近年来，食绿豆糕渐成端午节的主要食品。

插艾草、佩香囊、避五毒。古人认为五月为恶月，岐山民间也有"五黄六月是凶月"的说法。时值盛夏，蛇、蝎、蜈蚣、壁虎、蟾蜍等五毒活跃，魑魅魍魉猖獗，病菌毒气起，肆虐伤人，所以除毒辟邪就是必要的了。

《夏小正》云："此日（五月初五）蓄采众药以蠲除毒气。"除采制草药外，还有兰汤沐浴。《夏小正》云："（五月）蓄兰，为沐浴也。"《艺文类聚》和《太平御览》引《大戴礼记》皆为五月初五"蓄兰，为沐浴也。"之所以要"浴兰"，是因为兰草有辟邪的功能。

《太平御览》卷五十九引东汉薛汉《韩诗章句》："当此盛流之时，众士与众女执兰而拂除邪恶。"又《后汉书·礼仪志上》"是月上巳"，梁刘昭注引《韩诗》曰："郑国之俗，三月上巳之溱洧两水之上，招魂续魄，秉兰草绂除不祥。"可见早在春秋时期已有兰草辟邪的俗信。成书于秦汉之际的《神农本草经》是我国第一部本草学专著，其中说兰草有"杀蛊毒，辟不祥"的药效。辟邪、除毒、祛瘟、止恶应是端午之俗的主流。端午节当天，岐山民间有在门窗插艾草、挂菖蒲以及男女戴香包的风俗。艾，又名艾蒿，它的茎、叶都含有挥发性芳香油。它这种奇特的芳香，能驱赶蚊蝇、虫蚁，净化空气。中医学上以艾入药，有理气血、暖子宫、祛寒湿的功能。将艾叶加工成"艾绒"，是灸法治病的重要药材。菖蒲是多年生水生草本植物，它狭长的叶片也含有挥发性芳香油，是提神通窍、健骨消滞、杀虫灭菌的药物。端午这天，还用五毒药水洗眼、洗疮，还遍采百草熬汤喝，据说端午的百草能治百病。端午早晨，人们还会摘车前草，和艾草一起煮成翠绿色的水，用其洗脸，说是可以明目。青年男女和小孩当天要佩戴香包。香包又名"香草包""香囊"，俗称"搐搐"，是端午节的时兴礼物，岐山境内最为流行。古人把艾草编成老虎形状，或用绸缎剪个老虎图像再贴上艾叶，佩在胸前，称作"艾符"，这是最早的香包。香包的品种各样、千姿百态，有桃形、菱形、老虎、狮子、花瓶、石榴等。香包一般用各种绸缎碎布做成，或用彩色丝线缠绕做成，内装中草药山奈、细辛、丁香、甘松、冰片、樟脑等。每年端午节前姑娘、媳妇们要精心做成一批香包，送给爷爷、奶奶、姑姑、姨姨，订婚的姑娘还要送给未过门的女婿。一是显手艺，让人夸奖某小伙有一个心灵手巧的好媳妇；二是作为定情之物，留作纪念。新媳妇结婚后头一年，要做成批的香包，送给公婆、妯娌及婆家所有人。除佩戴香包外，家家还要给小孩戴"杏核"，这是一种小如杏核的香包。"杏核"要用数种颜色的丝线编成丝条，缝成圆镯形，给孩子戴在手腕、脚腕上，花花绿绿甚是好看。俗谓可以祈求如意，四季平安。男女青年和小孩亦多系五彩缕，亦叫"五色线""花花绳"，也叫"手搓"。属端午节必备的物品。按岐山民间风俗，端午节当天把彩色丝缕拴在小孩的手腕、脚腕和脖颈上，据说可以辟邪和防止五毒近身。这种彩色丝缕要戴到"六月六"才把它剪下来，丢进河里让水冲走。据传这和药王孙思邈的事迹有关，将花线丢进河里，等于百病也被带走了，具有送灾的性质。《风俗通》载："五月五日，以五彩丝线系臂，辟鬼及兵，令人不病瘟。""五彩缕"顾名思义是由五种颜色的彩线合成的，西府民间汉代时就有这种习俗。这大概是与中国的五行观念相联系的。另外，端午节还有不少禁忌。如小孩子佩戴的香包是不能丢失的，丢失了年内就有大灾。还说这一天忌讳游泳。当然，随着时光的流逝，社会的变迁，有些习俗已失去了流传的意义或演变成其他形式保存下来。

送节礼

端午节前，女婿要给丈人家送油糕、粽子、绿豆糕等。未婚女婿给丈人送节礼时，亦有女家给女婿馈雨伞或鞋袜等物的风俗。同时，晚辈亦要给长辈、亲戚送油糕、粽子、绿豆糕。新媳妇的娘家于女儿婚后第一个"端午节"，须给女儿送食节馈，谓之送节礼。出嫁的女儿有了孩子后，每年端午前，舅家有给外甥（孙）送裹肚（也叫围腰、护肚）的风俗。此俗在岐山民间尤为重视。节前，外婆多方挑选布料和丝线，细心给外孙缝制"裹肚"，一针一线，都极为讲究。此物为椭圆形，一般用红布制作，上面的绣花图案，多为五毒，俗谓可以避邪，驱除毒害。"裹肚"大小刚好护住孩子的肚脐及腹部，上有带子系在孩子的脖颈上，左右用带子捆在腰间。因端午节后，天气逐渐炎热，孩子晚上睡觉时常把被子蹬开，戴上"裹肚"可免受凉感冒。特别小娃夏天光着身子，腹部只挂着一个红裹肚，显得天真烂漫，逗人喜爱。端午节送"裹肚"的礼俗，也用于给未过门的媳妇送，但那不是现成的"裹肚"，而是一方红布，外带礼品、衣料等，以表示当年迎娶的信息。

乞巧节

每年农历七月初七为乞巧节，也叫"七夕节"。因为此日活动的主要参与者是少女，而节日内容又以乞巧为主，故人们称这天为"乞巧节""女儿节"。七夕节是我国传统节日中最具浪漫色彩的一个节日，也是过去姑娘们最为重视的日子。是为纪念牛郎织女相爱的故事，逐渐形成的节日。七夕节形成于东汉时期。但是这一节日在西周已经开始酝酿。七夕节的形成，与织女、牛郎二星的传说有关，这个传说至迟产生于西周时代。《诗经·小雅·大东》云："维天有汉，监亦有光。跂彼织女，终日七襄。虽则七襄，不成报章。睆彼牵牛，不以服箱。"这是用拟人的手法写天上的织女、牛郎二星。但二星有名无实，织女"不成报章"，牵牛"不以服箱"，显示出不合理现象。诗中已经把牵牛、织女二星与人间的耕织生活联系在一起，只是两星之间还没有爱情关系。这是有关牛郎织女传说最早的文字记录，是牛郎织女传说的雏形。《诗经》中还有一首与织女有关的诗篇，即《周南·汉广》："南有乔木，不可休思。汉有游女，不可求思。"该诗写对汉水上游女的热恋，但苦恼的是不能到她那儿去。西汉鲁人申公和西汉燕人韩婴均解诗"游女"是汉水女神。而《左传·襄公十七年》载梓慎曰："星孛及汉，汉，水祥也。"杜注："天汉，水也。"可见汉也指天汉，即银河。因此诗中的游女也可能指的是织女。战国至秦汉时，牵牛、织女二星已经蒙上了神话色彩，尤其是织女星，这种色彩更加浓厚。《淮南子·佚文》云："乌鹊填河成桥而渡织女"，其意是乌鹊相连成桥，使织女从桥上通过，以渡天河。但并说是七夕，也未言渡过天河是去与牵牛相会。又《史记·天官书》载："织女，天女孙也。"裴骃《集解》引徐广曰："孙，一作名。"也就是说，织女是天帝女儿的名字。《淮南子》和《史记》均作于西汉初年，它所反映的星象学及星象神话均传承自战国中后期。东晋葛洪《西京杂记》有："汉彩女常以七月七日穿七孔针于开襟楼，人俱习之"的记载，这便是我们于古文献中所见到的最早的关于乞巧的记载。

关于牛郎织女的神话传说优美而动人：很久以前，山西住着一户人家，家里兄弟两人，老人都已故去。弟弟老实勤恳名叫牛郎，随兄嫂度日。他的嫂子十分懒惰刻薄，不仅虐待牛郎，而且还挑唆他们兄弟不和。最后不得不分家，牛郎只分得了一头老黄牛、一辆破大车和两亩瘠薄地。牛郎非常勤劳，感动了天神，那头老黄牛就是天牛星下凡。它干净利落，十分听话，还会说话。牛郎叫它"牛大哥"，它见牛郎很是孤单，怪可怜的，想给他说一个媳妇。一个晴朗的早晨，牛郎顺着"牛大哥"的指引，来到一个池旁，见好多姑娘在那里洗澡。牛大哥让牛郎拿去一件鲜红的衣服，向回家的路上跑去。丢衣服的姑娘急忙追上他，两人情投意合，结为夫妻。这位姑娘就是玉皇大帝的小女儿——织女。婚后日子过得很好，牛郎每天赶着老黄牛种地，织女在家纺纱织布，不到三年生了一儿一女，老黄牛不久就死了。有一天，牛郎去耕地，织女在家织布。突然天空阴霾，雷声隆隆，电光闪闪。一会儿，天上出现了金甲神将，他们奉玉皇大帝钧旨，要把私下天庭的织女捉拿惩办。牛郎闻声赶回，织女已被抓走了，牛郎只好把"牛大哥"临死时给他的一双牛角拿出来晃了晃，说来奇怪，这牛角顿时变作一根扁担、两个筐子。他把两个孩子放在里面，担起来，忽地飞上了天。牛郎挑着两个孩子，腾云驾雾向前飞赶，也不知跑了多少路，眼看就要追上了，天空突然出现了王母娘娘，她拔出簪子用手一挥，划成了一道天河，把牛郎、织女分开，使他们永远不能见面。牛郎、织女诚挚的爱情和悲惨的遭遇感动了凤凰鸟，她把百鸟召集起来，在七月七这天搭成了"鹊桥"，让他们夫妻见面。于是王母娘娘不得不承认每年的七月初七为牛郎、织女会面的日子。这就是"七夕"的来历，以后形成了"七夕节"的习俗。至魏晋南北朝时期，随着牛郎、织女爱情故事的广泛传播和日趋完善，七夕成为民间普遍的节日。

乞巧祀神

"乞巧节"祭祀牛郎与织女及乞求巧遇等风俗活动，远在唐朝就很盛行。唐林杰的《乞巧》诗，就记载了这件事："七夕今宵看碧霄，牵牛织女渡河桥。家家乞巧望秋月，穿尽红丝几万条。"即七夕晚上，望着碧蓝的天空，就好像看见隔着"天河"的牛郎、织女在鹊桥上相会。人们在一边观赏秋月，一边乞巧（对月穿针），穿过的红丝都有几万条了。唐以后各代，民间的乞巧活动，一直盛行不衰。七夕节的活动拜牛郎织女、乞巧乞文等。《梦粱录》云："七月七日，谓之七夕节。其日晚晡时，倾城儿童女子，不论贫富，皆作新衣。富贵人家，于高楼危榭，安排筵会，以赏节序。"旧时最普通的乞巧活动，就是在七夕之时，搭建乞巧棚以乞巧。当日姑娘们以自然村为单位，或在一个村庄分数片，搭建彩色"乞巧棚"以作纪念。彩棚有繁简，最常见的是用五色彩纸，剪成仙楼，刻牛郎织女像于其上。织女的形象也很简单，端一张椅子，椅子上放一个斗，斗下穿一件裙子，椅背上套一件大衿衫，顺领口插个竹笊篱，凸出的一面向外，贴一张纸画的女人脸，戴上耳坠，头脑用黑色丝帕绾个圆髻头，插上金银首饰，这织女的像就扮成了。宋时陈元靓《岁时广记》记载：彩棚"内摆五色彩剪成的仙楼，刻牛郎织女像及仙人等于其上，以乞巧。小儿则置笔砚纸墨于牵牛前，书曰'某乞聪明'；女孩则置针线箱笞于织女位前，书曰'某乞巧'。"这种乞巧活动盛行于宋代，近代农村，每年"乞巧节"也有类似的活动。另外耍七姑娘风俗活动，旧时也盛行于广大农村。即在五彩棚内的织女像前，献上各式各样的供品，如糕点、乞巧馍（花馍）、鲜果以及专门为节生下的"巧芽"。织女棚外边，男青年们组成的锣鼓队，使劲地敲打。时间一长，若有一个姑娘，或因身体虚弱，或产生一些幻觉，突然神志不清，发起抖来，哭笑不止，就认为是织女的魂灵下凡了。这时，"耍七姑娘"的活动进入高潮，众姑娘不断地向发抖的"七姑娘"焚香礼拜，"七姑娘"口吐类似织女的话，如"众家姑娘仔细听，大姐二姐坐天宫，五姐六姐走南北，苦命的七姐下凡来。三姐四姐奔东西，苦命的七姐来这里。"

顿时，织女棚内外，人山人海，争相向"七姑娘"叩头礼拜，求卜吉凶。一直到天亮，境内流传的《乞巧歌》，也是乞巧时由人们在现场传唱的：

其 一

七月七，乞巧节，梧桐开花香四野。

花儿开，树儿摆，快把七姐接下来。

七姐姐，下凡来，尺子剪刀都拿来。

尺子量，剪刀响，精心裁剪新式样。

我给七姐献蜜桃，七姐教我缝旗袍。

你给七姐献李子，七姐教你纳底子。

她给七姐献南瓜，七姐教她学绣花。

瓜桃梨儿枣，年年来乞巧；

谁个手艺高，明年七夕瞧！

其 二

七姐七姐下来吧，头戴两朵大莲花。

花又开，树又摆，摆我七姐下凡来。

七姐七姐嗨嗨嗨，梧桐树上花开。

花又开，树又摆，把我七姐摆下来。

我给七姐献李子，七姐教我蹬杌子。

我给七姐献挂面，七姐教我纺线线。

我给七姐献枣儿，七姐教我缝袄儿。

我给七姐献核桃，七姐教我缝皮袄。

我给七姐献辣子，七姐教我缝袜子。

我给七姐献瓜，七姐教我绣花。

我给七姐献苹果，七姐教我织绫罗。

我给七姐献油糕，七姐教我绣荷包。

七姐七姐嗨嗨嗨，梧桐树上花开。

花又香，叶又美，七姐收我当徒弟。

新中国成立后祭奠织女与牛郎的活动逐渐少了，但乞巧活动仍然在一些农村流行。现很少有人搞这样的活动了。

鹊桥相会

阴历七月初七晚上喜鹊在银河上搭桥，让牛郎、织女在桥上相会，七夕日多雨正是他们哭泣的泪水。在晴朗的夏秋之夜，天上繁星闪耀，一道白茫茫的银河像一座天桥横贯南北，在河的东西两岸，各有一颗闪亮的星星，隔河相望，遥遥相对，那就是牵牛星和织女星。七夕坐看牵牛、织女星，是民间的习俗。织女是一个美丽聪明，心灵手巧的仙女，凡间的妇女便在这一天晚上向她乞求智慧和巧艺，也少不了向她求赐美满姻缘。传说在七夕的夜晚，抬头可以看到牛郎、织女的银河相会，或在瓜果架下就能听到两人在天上相会时的脉脉情话。女孩们在这个充满浪漫情调的晚上，对着天空的朗朗明月，摆上时令瓜果，朝天祭拜，乞求天上的仙女能赋予她们聪慧的心灵和灵巧的双手，让自己的针织女红技法娴熟，更乞求爱情婚姻的奇缘巧配。七夕节是一个以牛郎、织女的民间传说为载体，以爱情为主题，以女性为主角的节日，甜蜜与浪漫架构了七夕节的节日氛围。按传说牛郎、织女是"已婚人士"，而且还有了孩子，七夕节表述的是已婚男女之间"不离不弃""白头偕老""忠贞不渝"的一种情感。随着社会开放度的提高，人们的感情表达更加勇敢和直接。每到七夕节，心中有爱的男男女女总会想办法来继续和纪念或短促、或长久、或来之不易的爱情，以恪守双方对爱的承诺。因之，七夕节逐渐被人们称为中国的情人节。

中秋节

农历八月十五，是秋季之正中，故称"中秋"。中秋节是古来四时八节中最被人们所重视的传统节日。"月到中秋分外明"，这天晚上，一轮明月高高挂起。最圆、最亮、最美，象征着"花好月圆，人寿年丰"。中秋节，亦称"八月半""仲秋节"。中秋之夜，月色皎洁，古人把圆月视为团圆的象征，加之又有祈求团圆的信仰和相关节俗活动，故亦称其"团圆节"。中秋节的风俗由来已久，种种说法的由来中，月亮崇拜的孑遗之说为大多数人所认可，即中秋节起源于祭拜月神。中秋节的一些节俗活动周代已露端倪，当时每逢秋分夜要举行迎寒和祭月活动。古代帝王春天祭日，秋天祭月的礼制，反映了远古人类对天象崇拜的遗风。

《周礼·春官·籥章》："中春，昼击土鼓，吹豳诗，以逆暑；中秋，夜迎寒亦如之。"当历史进入殷周时代，昔日的日月崇拜，并没有烟消云散，人们从现实的功利角度出发，把有功于人类祖先，有功于自然的日月星辰等变成神，并把对原来人格形象化之神的崇拜习俗定型化、神圣化，且推广到社会生活的领域，用来规定名分，节制人的行为、规范人的关系，人们在崇拜月亮的同时出现了祭日、祭月的活动，年年祭祀，向他们表示敬意，祈求幸福，盼望得到恩施，这一活动在西周已制度化、礼仪化。岁时节令与农业文明密不可分。时值八月，瓜熟蒂落，"万象相庆喜秋成，处处楼台歌板声"。在繁文缛节的西周时期，自然会出现顺应时节的礼仪。

左丘明《国语·周语上》中有明确记载，周王"有朝日、夕月"之礼。"夕月"，就是秋祀，即秋风晚上在京城西门外祭月拜月，"夕月"之礼开中秋节的先河。由祭月、拜月逐步演化出赏月之风，咏月、赏月的诗赋连篇累牍。然而那时的拜月、赏月活动并不限于某一日，所以也未能形成节日。中国现存最早岁时专著《荆楚岁时记》尚无有关"中秋节"的记载。无论是正史，还是魏晋南北朝时文人的诗词，都证实那时虽有赏月之俗，但仅限于贵族或者文人群体中，拜月、祭月、赏月成为士庶共行的民风民俗，则有待盛唐以后。《诸仙记》载："武夷君于始皇二年八月十五日，山上置慢亭，化虹桥，大会乡人。"也逐渐由祭月、拜月衍化出赏月之风，咏月、赏月的诗赋更是多不胜举，如汉枚乘《月赋》，南朝梁沈约《咏月诗》、庾信《舟中望月诗》等。晋时亦有中秋赏月之举，不过不太普遍。

到唐代，将中秋与嫦娥奔月、吴刚伐桂、玉兔捣药、杨贵妃变月神、唐明皇游月宫等神话故事结合起来，使之充满浪漫色彩，玩月之风方才大兴。中秋节业已形成一系列的节俗活动，诸如祭月、拜月、赏月、观月、吃月饼、观潮等，蔚成大观。到了北宋太宗年间，八月十五才正式定为中秋节。并出现"小饼如嚼月，中有酥和饴"的节令食品。孟元老《东京梦华录》说："中秋夜，贵家结饰台榭，民间争占酒楼玩月"；而且"弦重鼎沸，近内延居民，深夜逢闻笙竽之声，宛如云外。"关自牧《梦粱录》说："此地金风荐爽，玉露生凉，丹桂香飘，银蟾光满。王孙公子，富家巨室，莫不登危楼，临轩玩月，或开广榭，玳筵罗列，琴瑟铿锵，酌酒高歌，以卜竟夕之欢。至如铺席之家，亦登小小月台，安排家宴，团围子女，以酬佳节。"更有意思的是，《新编醉翁谈录》记述拜月之俗："倾城人家子女，登楼或中庭梦香拜月，男则愿早步蟾宫，高攀仙桂。女则愿貌似嫦娥，面如皓月。"

明清两朝的赏月活动，盛行不衰。"其祭果饼必圆"；各家都要设"月光位"，在月出方向"向月供而拜"。陆启浤《北京岁华记》载："中秋夜，人家各置月宫符象，符上兔如人立；陈瓜果于庭，饼面绘月宫蟾兔；男女肃拜烧香，旦而焚之。"田汝成《西湖游览志余》云："是夕，人家有赏月之宴，或携柏湖船，沿游彻晓。苏堤之上，联袂踏歌，无异白日""民间以月饼相邀，取团圆之义。"富察敦崇《燕京岁时记》称："秋月饼，以前门致美斋者为京都第一，他处不是食也。呈供月饼到处皆是。大者尺余，上绘月宫蟾兔之形。""每届中秋府第朱门皆以月饼果品相馈赠。至十五月圆时，陈瓜果于庭供月，并祀以毛豆、鸡冠花。是时也，皓魄当空，彩云初散，传杯洗盏，儿女喧哗，真所谓佳节也。唯供月时男子多不叩拜。"到了元代留下了这样一个传说：元帝国统治中原后，对汉族人民实行残酷的统治，规定在每三户汉族中住一蒙古族士兵，以监视汉人的行动。老百姓不甘受欺凌，就在八月十五这一天，利用送月饼的机会，传递密条，相约起事，掀起了轰轰烈烈的农民大起义，终于推翻了元帝国的统治。

明清时期，中秋节的活动内容有所增加。明洪武元年（1368年），朱元璋将月饼作为节令糕点赏赐群臣。清康熙三十一年（1692年）修《济南府志》记载："望日为中秋节，设牲醴，陈瓜果，作月饼，布筵中庭以祭月。人家馈送、仪动必有月饼、西瓜，以为应节时物也。此日皓月满空，碧天如水，在在宴秋，宾朋欢呼，岁岁以赏月为常也。"总的说来，中秋节源于对月亮的崇拜，追溯起来可以说起源于周代，盛行于宋代，至明清时，已与元旦齐名，成为我国的主要节日之一。

中秋的来源有多种传说，嫦娥奔月的故事最著名。此传说有几个版本，大致意思是：远古时代的射日英雄后羿娶了嫦娥，并成了帝王，可他愈来愈暴戾，多番施行恶政，成了大暴君。有一天，后羿从王母娘娘手里求得一包不死药。嫦娥知道后为拯救苍生免受后羿的统治，就把不死药全部吞下，飞往了月宫。百姓们得知嫦娥成仙奔月后，向嫦娥祈求平安吉祥，由此便逐渐形成了中秋节拜月的风俗。还有吴刚伐桂的传说，说是月亮上的广寒宫前的桂树生长繁茂，高五百余丈，有个人常在砍伐它。但每次收斧后，被砍的地方又立即合拢了。长久以来，随砍随合，这棵桂树怎么也砍不倒。砍树的就是吴刚，汉朝西河人，曾随仙人修道，到天界后犯了规矩，被贬到月宫，日日做这种徒劳无功的苦差事，以示惩处。又说他学仙不够专心，天帝为锤炼他的心志，罚他砍桂树，并允诺如果砍倒，即可成仙。于是吴刚便在清冷的月宫中日复一日、年复一年地砍下去。至于玉兔捣药的传说，原是道教掌故之一。相传月亮上有一只兔子，浑身洁白如玉，所以称作"玉兔"。这只白兔拿着玉杵，跪地捣药，服用这药丸可以长生成仙。久而久之，玉兔便成为月亮的代名词，古代文人写诗作词，也常以玉兔象征月亮。

食月饼

月饼是中秋节的主要食品和礼品，因其形同圆月，且为中秋月夕食品，故称。中秋节诸项活动中，食月饼历来为民间所重视，它和端午吃粽子，元宵节吃汤圆一样，是我国民间的传统习俗。唐高祖李渊与群众欢度中秋时，手持吐蕃上任所献装饰华美的圆饼，指天上明月笑道："应将圆饼邀蟾蜍。"随即分圆饼与群臣。又《洛中见闻》称："唐僖宗中秋吃月饼，味极美。"他听说新科进士在曲江宴饮，便命用红绫包月饼赐给进士。但是月饼作为食品的名称并同中秋赏月联系在一起，则是宋代的事情。北宋皇家中秋节喜欢吃一种"宫饼"，民间俗称为"小饼"，苏东坡有诗："小饼如嚼月，中有酥和饴。"《燕京岁时记·月饼》载："至供月月饼，到处皆有，大者只余，上绘自宫蟾兔之形。有祭毕而食者，有留至除夕而食者。"可见那时的月饼已经和现在的月饼不差上下。南宋文学家周密在《武林旧事》中首次提到"月饼"的名称。传说元末，人们还利用月饼来传递反元信息，说明月饼当时已经进入寻常百姓家，成为中秋佳节的必备食品。至明，吃饼之俗更盛，记载颇多。明沈榜《宛署杂记·民风》："八月馈月饼"，条注云："士庶家俱以是月造面饼相遗，大小不等，呼为月饼。市肆至以果为馅，巧名异状，有一饼值数百钱者。"清代以来，月饼的质量、花色品种都有新的发展，蔚然大观。除月饼质料外，饼面印有嫦娥奔月、三潭印月以及福、禄、寿、喜等吉祥图案。清朝一文人形容道："月饼饱装桃肉馅，雪糕甜砌蔗糖霜。"看来和现在的月饼颇为相近了。到了近代，有了专门制作月饼的作坊，月饼的制作更加精细，馅料考究，外形美观。全国各地因用料、调味、形状等的差别，形成不同风格的品种，诸如京式、广式、台式、平式、苏式等不同风味。饼馅更是种类繁多，甜、咸、荤、素各有特点，色香味俱全，诸如凤凰西山月、银河映秋月、东坡腾皓月、珠海团圆月、西湖燕窝月、冶容蛋黄月，更为名贵的如唐皇燕月、七星伴月、西施酥月，不啻华美艺术品。尽管地区风格各异，但不外提浆、酥皮、硬皮三大类。提浆月饼，也叫浆皮月饼，熬粮浆调入面团，做月饼皮，包咸肉、甜肉、火腿、枣泥、豆沙、莲蓉等。饼面印各色花纹。广式月饼即此类。硬皮月饼，用面粉、白糖、饴糖、香油加小苏打和面做皮，冰糖、白糖、香油、桂花、瓜子仁、核桃仁、青红丝等搅拌为馅，北京自来红、自来白即是。现在，月饼是人们喜爱的节日食品，且质量更高，花色品种最丰富。明、清《岐山县志》载，境内民间食月饼习俗由来已久，贫寒之家，亦有自制圆饼而食者。时至今日，节前民间呼儿唤女，上集市、进超市，精心挑选，纷纷喜购月饼，境况比旧时更为壮观。街道还是超市，散装、盒装的月饼不一而足，应有尽有。足见小月饼承载着浓浓文化意味。待到八月十五晚，吃月饼成为虔诚而又欢乐的事象。家里的孩童对中秋的渴望，其实是对月饼的盼望。全家围坐，不仅品尝月饼，还吃些西瓜等团圆的果品，祈祝家人生活美满、甜蜜、平安。月光融融，情义浓浓，天伦之乐，尽在其间。

拜月，赏月

中国人对月亮具有特殊的情感，把月球这个天体看成是与人间世界雷同的一个所在。对于月亮，岐山民间更有动人的传说：很久以前，有户人家收了个童养媳，婆婆到有月亮的夜里总让其纺棉花。有一年八月十五，月亮又圆又亮，婆婆又让其纺棉花，7斤多的棉花让一夜纺完，而其他人都赏月去了。到了半夜，婆婆和儿子回房睡觉了，留下童养媳仍在纺线。夜深时她迷迷糊糊打起了盹，头碰到纺车上醒了。抬头一看月亮，估摸过了三更，心想今夜肯定纺不完了，不由伤心地落起了泪。这时，忽从月亮里飘出一只龙船，由白胡子神仙撑着向她划来。他见女子不动弹，就变了个小鬼。童养媳一见小鬼，大叫一声躲进房中，并从门缝看动静。只见小鬼又变成白胡神仙从月亮上招来七个仙女，七个仙女来到纺车前，拧的拧，纺的纺，不到半个时辰就把剩下的棉花纺成线了。第二天婆婆来收线，一堆棉花变成了银线，纺车也变成了金的。就问怎么回事，童养媳把夜里的情况照实说了。婆婆心想，从前人们说月亮里有仙人划龙船给人间散福，不过有福的人才能碰上，看来这娃是个有福之人，往后婆婆再也不虐待了。从此，在八月十五后半夜，人们都想看到月仙和龙船飞来给自己散点福气。长久以来，人们常用"月圆""月缺"来形容悲欢离合，寄居他乡的游子，更是以月亮寄托深情。因此，祭月、拜月、赏月，便成为中秋节的重要习俗。当夜幕降临，一轮皎洁的明月悄悄升了起来，清风徐徐，虫声唧唧。人们在庭前、院落设立香案，摆上应时瓜果，如西瓜、甜瓜、枣、梨、苹果、石榴、葡萄、山楂、板栗等，焚香礼拜，进行拜月活动。待烛息香尽，才告结束。中秋拜月寄托着人们对幸福生活的追求与向往，也寄托着人们对远在他乡亲人的祝福和思念。

送节礼

圆圆的月亮也寓意着人们对团圆的期盼，对亲情的回味。因之，自古以来中秋节前送礼在岐地被人们所看重。送节礼的礼仪十分讲究，女儿给娘家、外甥给舅家、小辈给尊长送月饼及时鲜水果，已形成人人尊之的礼俗。新结婚的女婿给丈人家送节礼，至少要送"四色礼"（礼馍、月饼、烟、酒等四样礼），丈人家招待女婿视家境情况摆宴席，和过红白喜事一样的体面。刘侗、于奕正《帝京景物略》："八月十五祭月，其饼必圆，分瓜必牙错，瓣刻如莲花……其有妇归宁者，是日必返夫家，曰团圆节也。"中秋团圆信念的生成及表现在于中秋之月最圆、最亮。这种自然现象与拜月、赏月习俗为团圆信念奠定了基础；中秋团圆主要指人的团圆，具体有分吃团圆饼，吃团圆饭，喝团圆酒，归宁媳妇返夫家、阖家拜月赏月等。一般人都希望在这个节日里人月团圆，所以在外地工作的人都要尽可能回到家里过节。这一天，已婚的女儿一定要返回夫家，比喻团圆之意。民间有"宁留女一秋，不留女中秋"的说法。新中国成立后，在中秋节这一具有特殊意义的节日之际，境内官方一般都召开规格较高的中秋团拜会或中秋节茶话会，有党委和政府主要领导参加，邀请社会贤达及各界人士，共同缅怀先贤，共话团圆，畅叙友谊，展望未来。

重　阳　节

　　重阳节是我国传统节日，节期为农历九月初九。古人认为九为阳数，《易经》："以阳爻为九。"九月初九，日月都为阳数，两阳相重，故称"重阳"。魏文帝曹丕《九日与钟繇书》："岁往月来，忽复九月九日，九为阳数，而日月并应，俗嘉其名，以为宜于长久，故以享宴高会。"两九相重，又称"重九"，故重阳节又称"重九节。"重阳节节俗或云肇端于战国，远在战国时代已有重阳之名，但只是在帝宫中进行的活动，屈原《远游》诗中有"集重阳入帝宫兮，造旬始而观清都。"句中的"重阳"就是佐证。但洪兴祖解释为"秋阳为天，天有九重，故曰重阳"，联系上下句分析这里的"重阳"是"九重天"的意思，并非节日之名。可是，就登高望远，饮菊花酒等风俗活动，在战国时已开其端。屈原《离骚》中就有"朝饮木兰之坠露兮，夕餐秋菊之落英"，可见战国时已有餐菊之俗。但何时登高，何时饮菊花酒，他们与重阳节是否有联系，历史上并无明确记录，不可详考。根据所见古籍记载，在西汉时重阳节已成了固定节日，且增添了佩茱萸、饮菊花酒、登高等风俗内容。相传汉高祖刘邦的妃子戚夫人遭到吕后的谋害，其生前一位侍女贾氏被逐出宫，嫁与贫民为妻。贾氏便把重阳的活动带到了民间。贾氏对人说："在皇宫中，每年九月初九，都要佩茱萸、食蓬饵、饮菊花酒，以求长寿。"从此重阳的风俗便在民间传开了。刘歆《西京杂记》曾记汉高祖时宫中逢九月九日"佩茱萸、食蓬饵、饮菊花酒、登高赋诗、游猎骑射"等内容。南唐陈后主李煜曾作《同管记·陆瑜九日观马射》诗："连番北幽骑，驰射西园旁。勒移玛瑙色，鞭起珊瑚扬。且观千里汗，仍瞻百步杨。"唐朝时，重阳节才被确定为正式节日。从此以后，宫廷、民间一起庆祝重阳节，并且在节日期间进行各种各样的活动。宋代重阳节更为热闹,《东京梦华录》曾记载了北宋时重阳节的盛况。

《武林旧事》中也记载南宋宫廷"于八日作重九排当",以待翌日隆重游乐一番。明代,皇宫中宦官、宫妃从初一时就开始吃花糕庆祝。九日重阳,皇帝还要亲自到万岁山登高览胜,以畅秋志。明代、清代的风俗依旧盛行。以后各代沿袭其俗,有增无已。现在,各地仍有登高郊游、赏菊、吃重阳糕、饮菊花酒等习俗。关于重阳节的诸种节俗活动,俗以为源自"相景避灾"事(南朝梁吴均《续齐谐记》)。重阳节因其节俗活动的不同而有许多别称。一是"登高节",因有登高之举而名;二是"茱萸节",因插茱萸、佩茱萸、泛酒茱萸之举而名;三是"菊花节",因赏菊、饮菊酒之举而名;四是"女儿节",因迎出嫁之女归宁、送女花糕之举而名;五是"暮节",似取九月为暮秋之意。晋谢灵运《九日从宋公戏马台集孔令》云:"良辰感圣心,云旗兴暮节。"除此而外,重阳也被民间作为重要的农事节日,如有民谣曰,"重阳无雨看十三,十三无雨一冬干。""重阳有雨冬有雪"。20世纪80年代,中国一些地方把农历九月初九定为老人节,倡导社会树立尊老、敬老、爱老、助老的风气。1989年,中国政府将农历九月初九,也即重阳节定为"老人节""敬老节"。2012年10月28日,全国人大常委会表决通过新修改的《老年人权益保障法》,法律明确每年农历九月初九为老年节。

关于重阳节还有个说法,即此节的原型之一是古代的祭祀大火的仪式。作为古代季节星宿标志的"大火星",在季秋九月隐退,《夏小正》称"九月内火"。大火星的退隐,不仅使一向以大火星为季节生产与季节生活标识的古人失去了时间的坐标,同时使将大火奉若神明的古人产生莫名的恐惧,火神的休眠意味着漫漫长冬的到来。因此,在"内火"时节,一如其出现时要有迎火仪式那样,人们要举行相应的送行祭仪。古代的祭仪情形虽然渺茫难晓,但还是可以从后世的重阳节仪式中寻找到一些古俗遗痕。古人常将重阳与上巳或寒食，九月与三月作为对应的春秋大节。汉刘歆《西京杂记》称："三月上巳，九月重阳，使女游戏，就此祓禊登高。"上巳、寒食与重阳的对应，是以"大火"出没为依据的。随着谋生技术的进步，人们对时间有了新的认识，"火历"让位于一般历法。九月祭火的仪式衰亡，但人们对九月因阳气的衰减而引起的自然物候变化有着特殊的感受。因此，登高避忌的古俗依旧传承，尽管世人已有了新的解释。重阳节在民众生活中成为秋冬交接的时间界标。如果说上巳、寒食是人们度过漫长冬季后出室畅游的春季，那么重阳大约是在秋寒新至、人们即将隐居时的具有仪式意义的秋游。所以民俗有上巳"踏青"，重阳"辞青"。重阳节俗就围绕着人们的这一时季感受展开。

重阳节出游登高，赏秋旅游当然是一项有意义的活动。登高之俗起源甚早，宋高承《事物纪元》云："齐景公始为登高。"是说战国时已有登高活动。重阳节登高之俗则始于西汉，当时登高有驱邪免祸的用意。魏晋隋唐一仍汉俗。南朝梁宗懔《荆楚岁时记》谓："九月九日，士庶人等都到郊外登高，设宴饮酒。"王维《九月九日忆山东诸兄弟》诗云："独在异乡为异客，每逢佳节倍思亲。遥知兄弟登高处，遍插茱萸少一人。"可见，唐代这种风俗已遍及民间。不过，登高之举渐渐地增加了游玩吟赏的内容。民间有登高赋诗作文之举，宫廷亦如此。清亦沿其俗。旧时岐山中秋节还有吃荞面或荞面饸饹的习俗。荞麦又叫三角麦，一年生草本双子叶植物纲，蓼科栽培植物。古代亦写成荍麦或乌麦。荞麦蛋白质中含有大量的赖氨酸成分，铁、猛、锌等微量元素比一般谷物丰富，而且含有膳食纤维，是一般精制大米的10倍，所以荞麦具有很好的营养保健作用；荞麦并含有维生素 E 和可溶性膳食纤维，含有烟酸和芦丁。烟酸成分能促进机体的新陈代谢，增强解毒能力。荞麦中的某些黄酮成分还具有抗菌、消炎作用。因此，荞麦有"消炎粮食"的美称。荞麦在秋天成熟，其热量不高，入冬后吃最好。严冬到来之前，吃荞麦既具有营养保健作用，又寓意和睦共处，长寿延年，也表示对秋收的庆贺。

从西汉起，有了重阳节求寿之俗。尊老敬老是中国人的传统美德。尊敬老人、赡养父母，形成了一种社会道德规范，与作为伦理观念的孝俗融化在我们中华民族传统文化的血液中。中国古代就有"亲尝汤药""卧冰求鲤"等二十四孝故事。"老吾老以及人之老"成为做人的一个准则。重阳节时际深秋，恰似已度过大半的人生年轮，因而尊老、敬老成为重阳节的重要文化事象，尊老、敬老之俗悄然兴起。随着老年节的确立，岐山县近年在节前、节后均开启一些集体性的敬老活动。每逢老人节，各级工会及有关单位都会组织老人参加如爬山、旅游等文化活动。不少村落也在此日召集村中60岁以上老人到村文化室，给他们赠送礼品，表扬老年人的功德，开展文娱活动。县镇在节日前看望鳏寡孤独老人及老寿星，送上慰问金和慰问品，向老人致以重阳节的亲切问候，祝愿老人健康长寿。一些团体及个人去当地敬老院、幸福院和居民家中为老人做好事、送礼品。

寒 衣 节

农历十月初一，谓之"十月朔"，又称"鬼节""祭祖节""烧衣节""寒衣节"，俗称"十月一"，为民间祭祀节日。胡朴实《中华全国民俗志》中亦说："十月朔，俗称十月朝。人无贫富，皆祭其先，到烧冥衣之属，谓之烧衣节。"农历十月初一与春季的清明节、秋季的中元节，并称为中国一年之中的三大"鬼节"。

春夏秋冬，往复循环，十月则已为孟冬。十月初一是进入寒冬季节的第一天。由于天气转冷，我国北方地区民间在十月初一，妇女们将做好的棉衣拿出来，让儿女、丈夫换季。如果此时天气仍然暖和，不适宜穿棉，也叫儿女、丈夫试穿一下，图个吉利，男人们则习惯在这一天整理火炉、烟筒。安装完毕后，还要试着生一下火，以保证天寒时顺利取暖。由生者的御寒加衣，想到死者的防冷需要。怕在冥间祖先缺衣少穿，于是便产生了"十月一，送寒衣"的风俗。如《程氏遗规》所云："十月一拜坟，感霜露也。"其主要习俗就是烧纸钱，送寒衣。中国传统节日的设置与节气和亲情有着密切的联系。祭祖节是由于节气变化，于生者的御寒需要，而想到故去的亲人所产生的一个节日。为故去的亲人烧衣送衣只是个形式，它反映了生者对亡人的哀思和崇敬。更深层次的意义是让生者在对亡人的祭奠中，引导人们尊老敬老，从而形成一种尊老敬老的社会氛围。正如一首诗云：

十月里来十月一，家家户户送寒衣。

祭奠先人御寒气，敬老孝老世代传。

十月一"送寒衣"的风俗传说源于孟姜女哭长城的故事。相传孟姜女新婚宴尔，丈夫就被抓去服徭役，修筑长城。秋去冬来，孟姜女千里迢迢，历尽艰辛，为丈夫送衣御寒，谁知丈夫却屈死在工地，还被埋在城墙之下。农历十月初一这天，孟姜女寻到埋葬丈夫的那段长城，就在脚下哭祭丈夫，并把带来的棉衣烧掉。后来，人们就有了送寒衣的风俗。孟姜女哭长城这个传说是我国四大民间传说之一，形成于唐朝。

说起烧纸钱的来历，相传与蔡伦造纸和蔡莫烧纸有关。蔡伦发明了纸，解决了写字困难。当纸刚发明出来的时候，人们争相购买，很能赚钱。蔡伦的嫂子慧娘心想，造纸有利可图，就让丈夫蔡莫跟蔡伦学造纸。蔡莫学了3个月，就回来开起了造纸作坊。但他造的纸，质量不高，卖不出去，堆了满屋，夫妻二人非常发愁。后来慧娘想了个办法，她在丈夫耳边嘀咕了一阵，丈夫便答应按她说的办。那天三更半夜，蔡莫突然放声大哭。邻居们都知他家出了事，纷纷过来看望。蔡莫给邻人说，他和妻子吵了几句嘴，她就上吊死了。他怕娘家来人闹事，求乡邻行个好，娘家人若要问起，就说是得紧病死了。邻人觉得有道理。第二天蔡莫在慧娘的棺材前哭得死去活来。娘家人听说慧娘是得急病死的，又看到蔡莫如此悲伤，想到他二人平时恩爱和睦，也就不怀疑了。可蔡莫越哭越痛，滚来滚去，乡亲们也不由掉下了眼泪。蔡莫边哭，边抱来一捆草纸，在棺材前点火烧了起来，边烧边说："我跟弟弟学造纸，不用心，造的纸不像样子，没人要，竟把你气得生了病。这草纸气死了你，我要把它烧成灰，解解心头恨。"烧着哭着，烧完了又去抱，抱来又烧。烧着烧着，只听棺材里有响声，他却好像没听见，只管烧，只管哭。忽听慧娘在棺材里喊："把门开开，我回来了。"人们顿时吓呆了，慧娘却一直喊叫，人们无可奈何，只好壮着胆子，把棺盖揭开，慧娘忽地坐起来，装腔作势地唱道："阳间钱能行四海，阴间纸在做买卖。不是丈夫把纸烧，谁肯放我回家来？"慧娘唱了几遍后说："刚才我是鬼，现在我是人，亲戚邻人别害怕。我到了阴间，阎王就让我推磨受苦，丈夫给我送了钱，小鬼们为了钱，争着帮我推磨，真是有钱能使鬼推磨。三曹官知道我有了钱，也向我要，我把丈夫送的钱全给了他，他就暗暗地开了地府后门，把我放了回来。"蔡莫听了妻子的话，装作不明白地问："我没有给你送钱啊！"慧娘指着地上燃烧的纸灰说："那就是你给我送的钱，咱们阳间拿铜当钱，阴间以纸当钱。"蔡莫一听，又跑去抱了两捆纸，边说边烧："三曹官，你把我妻子放回来了，我感恩不尽，今再给你老送两捆钱，你在阴间还得宽容我爸妈呀，可别叫他们受苦。没钱花了，我还给你送。"说着，又去抱了两捆草纸烧了起来，在场的人们一听烧纸有这么大的好处，都掏钱买蔡莫的纸。慧娘不要钱，慷慨地给亲戚邻人各送了一捆纸，他们都拿到祖坟上烧了起来。这烧纸的奇妙作用立即传开了。远近的人们都知道死去的人手中无钱，在阴间受苦，争着来蔡家，不到两天，满屋堆积的纸被抢购一空。慧娘还阳的那天，正是农历十月初一，后来的人都在十月一日祭祖，上坟烧纸，以示对先辈的怀念。

岐山民间自古"事死如事生"观念牢固，十月一颇受人们重视，届期祭扫先祖坟茔。且有早清明，晚十一的说法。即清明祭祀要早，十月一祭祀要晚，但最晚亦不得过了十月一。

腊 八 节

腊八节即农历腊月初八，亦是十二月初八，是民间的传统节日。腊是月份名，指农历十二月。因古代在十二月举行合祀众神的腊祭，所以把腊祭所在的十二月叫腊月，"腊"字亦作"蜡"。腊祭为古代重要的祭祀习俗。远在商周时代，中国就有连天地、神灵、祖先一起祭祀的习惯。把这种综合祭祀，叫作"合祭"。这种祭祀，表达了古代人一种朴素善良的心理活动。那时人们在岁末用自己一年的收获来报祭祖先、报祭众神，祈求来年丰稔，称"蜡"。汉朝应劭在《风俗通义》中云："腊者，猎也，言田猎取兽以祀其祖先也。或曰腊者，接地，新故交接，故大祭以报功也。"腊祭先秦时代即盛行，在夏朝称"嘉平"，在商朝叫"清祀"，在周朝则叫"大腊"，秦汉时代开始才普遍称之为"腊"。因为作为年终大祭的腊祭总是在农历十二月举行，所以后来渐渐把十二月称作"腊月"。《唐书·武后本纪》："天授元年，以十二月为腊月。"

最初腊祭在十二月哪一天举行并不固定。东汉许慎《说文解字》称，冬至后第三个戌日腊祭日。是汉用戌日，而魏用丑日。唐初以寅日蜡百神，卯日祭社宫，辰日享宗庙。开元之后，规定百神与祖先都于辰日祭祀。宋则用戌日。实际到南北朝时期，腊祭已基本确定在十二月

"腊月"初八这一天，即所谓"腊日"。南朝梁宗懔《荆楚岁时记》："十二日为腊日。谚语：'腊鼓鸣，春草生。'村人并击细腰鼓，戴胡公头及作金刚力士以逐疫，沐浴转除罪障。"后代盛行于腊八日吃"腊八粥"，也与禳灾逐疫有关。

腊八节的起源，还有另外一些说法。一是认为与佛教的创始人释迦牟尼有关。相传释迦牟尼在得道成佛之前是皇宫的王子。他痛感人世生老病死的痛苦，曾遍游名山大川，舍弃王族高贵的生活，寻求人生的真谛。农历腊月初八，他走到人烟稀少、十分荒凉的比哈尔邦的尼连河附近，因长途跋涉，又累又饿，昏倒在路旁。一位放牧的女子看见了，便把身边带的杂粮加上一些野果，用清泉水煮熬成粥一口一口地喂给他吃。释迦牟尼吃了粥之后，苏醒过来。精神恢复，然后跳进尼连河沐浴净身，之后就坐在菩提树下静坐沉思，于是释迦牟尼就得道成佛。从此，佛教徒们把腊月八日这一天作为佛祖成道的节日来纪念。自从佛教传入中国之后，人们就把年终腊月同佛道纪念混为一体。每年的这一天，各佛院除了诵经拜佛以外，并仿效牧女的做法，取香谷及果实等煮粥以供佛，这便是腊八粥的来历。南宋爱国诗人陆游在《十二月八日发至西村》一诗中就写道："今朝佛粥交相馈，更觉江村节物新。"后世信佛的人，每到腊月初八这天，就念经吃粥，成为习俗。以后由佛教教徒念经吃粥，传到民间，广大民众也以佛教吃粥而吃"腊八粥"了。还有一种传说认为与秦始皇修建长城有关，秦始皇修建长城时，天下民工奉命而来，成年不能回家，吃粮靠家里人送。有些民工，家隔千山万水，粮食送不到，致使不少民工饿死在长城工地。有一年腊月初八，无粮吃的民工们合伙积了几把五谷杂粮，放在锅里熬成稀粥，每人喝了一碗，最后还是饿死在长城下。为了悼念饿死在长城工地的民工，人们每年腊月初八吃"腊八粥"，以资纪念。

追溯其历史，腊八粥在唐时就已成节令食品。唐人李福有《腊八粥》诗。宋人笔记中载有寺院及人家做腊八粥故事。当时做法是与粥中加核桃仁、松子仁、栗子之类，名"五味粥"和"七宝粥"。明陈耀文《天中记》："宋时东京十二月初八日，都城诸大寺作浴佛会，并送七宝五味粥，谓之'腊八粥'。"至清代，腊八粥以黄米、白米、江米、小米、菱角米、栗子、红豇豆、去皮枣泥等合水煮成，另加桃仁、杏仁、瓜子仁、花生仁、松子仁，再加白糖、红糖及葡萄干等物。在宫廷，皇家要赐文武百官，侍从宫女腊八粥，又向寺院发放米、果，供僧侣造粥。寺院又多有造粥施民者。于腊八日食腊八粥，即表示旧年将尽，新年就要来临，穷人的年关就要到了，所以俗谓腊八粥为"送信儿的腊八粥"。岐山民间吃腊八粥的习俗古已有之，汉传至今，因其别于他处的做法和吃法，稠度难以称为粥，谓吃"腊八米饭"。每年腊月初八，各家早饭普遍食用豆子小米粥。制作时，以豆子、小米为主料，入以调料，佐以豆腐、肉丁、蔬菜等。岐山民间所做的腊八粥，待熟了后已是很稠的饭食了，食时需用筷子，且放盐醋辣子水水夹着吃。做好食用前，先要用腊八饭来敬天地、献祖先。此日，这种腊八饭不仅给家里人吃，民间多将剩余的喂家禽家畜，意能使其茁壮，祝愿来年事事平安吉祥。如喂鸡时说："给你吃点腊八饭，天天给我下个蛋。"喂猪时说："给你喝点腊八汤，膘又肥来体又壮。"又涂抹树木，意谓树木根深叶茂，食果丰硕。再给场间的碌碡和碾米的碾盘涂抹一些腊八饭，意事事顺遂。民谚说："天吃腊八风调雨顺，地吃腊八五谷丰登。"此外，腊八饭要做得多一些，腊八后每天吃一点，一直吃到大年三十，所谓"腊八饭，顿顿餐"，取其吃用丰足，年年有余的寓意（其实大多人家做的一顿就吃完了）。冬季吃一碗热气腾腾的腊八饭，既可口又有营养，还能增福增寿，所以此俗至今一直延续。

传承节庆文化，守好精神家园

中央宣传部、中央文明办、教育部、民政部、文化部《关于运用传统节日弘扬民族文化的优秀传统的意见》中指出："中国传统节日，凝结着中华民族的精神和民族情感，承载着中华民族的文化血脉和思想精华，是维系国家统一、民族团结和社会和谐的重要精神纽带，是建设社会主义先进文化的宝贵资源。"辽宁师范大学历史系赵东玉教授指出："也正是借助了传统节庆这一人所共知的文化符号，中国古人找到了一个可以尽情表现并传承文化理念的方式与手段，得以更加从容地去细细品味自己古老而恒久的文化底蕴。"这一文化符号在当代理应更为珍惜和呵护，我们应以时不我待的紧迫感和不让珍贵的传统文化濒临灭绝的危机感，多措并举，振兴我们的传统节日。

传统节日始终与中华民族共命运，同兴衰，牵动人心最多，闪现着民族智慧，是人类生活的活化石。它一方面是中国文化的重要载体，另一方面又为中国文化的顺利传承提供了有效途径和模式。中国历史上政治清明、社会大治、文化繁荣之时，必是传统节日兴盛、发展之际；传统节日的兴盛发展，反过来又为社会提供了丰厚的文化营养和精神传承。

汉唐时期，社会经济文化繁荣昌盛，成就了传统节日的突变和兴盛。无数典籍和墨人骚客记述了唐时的节日繁荣之象。唐代王维重阳节时的"独在异乡为异客，每逢佳节倍思亲"，千百年来成为游子思念故乡的名言，打动了多少游子离人之心；张祜《正月十五夜灯》"千门开锁万明灯，正月中旬动帝京。三百内人连袖舞，一时天上著词声"形象地描写了长安城庆祝元宵节的盛况。唐代的节日文化和节日生活呈现出新兴节日和新兴节俗迭起、狂欢色彩浓厚、户外活动频繁等时代特征。

它既是当时社会诸多要素共同作用的结果，也是其缩影和表征，还是影响唐代社会整体面貌的一个重要变量。时光流逝到20世纪六七十年代，在所谓的"破四旧"和革命化节日的浪潮中，传统节日也难逃厄运，节俗礼仪被作为"四旧"而遭批判，其承载的德和、谦让、孝廉、仁爱等精神成为"小资产阶级"温情的表现，节日的休闲娱乐成分被"抓革命、促生产"所代替。传统节日的被扭曲和空洞化，给中华民族传统传承和民众文化生活造成了极大的影响。改革开放以后，中国经济发展的同时，也使传统节日节俗礼仪得到了复苏，节日生活日益丰富多彩。但同时"洋节"也在东渐，进入了人们的视野。重洋节漠视中国传统节日，成为一些人、特别是年轻人的时尚，使中国的传统节日受到了一定的冲击，导致了珍贵文化记忆的遗失。传统节日习俗元素的失落，直接造成传统节日文化传承的困难，使民众失去了一处涵养民族精神的家园。

传统文化专家李汉秋曾说："我们对传统节日的重视程度，标志着一个民族的自信心、自豪感，以及一个民族对传统文化的自觉。"中共中央办公厅和国务院办公厅在《关于实施中华优秀传统文化传承发展工程的意见》中提出：要"实施中国传统节日振兴工程，丰富春节、元宵、清明、端午、七夕、中秋、重阳等文化内涵，形成新的节日风俗。"我们要深刻认识中国传统节日中熔铸的优秀文化，特别是周文化元素，是民族情感的凝结，是增强民族文化认同、维护国家统一、民族团结和社会和谐的重要精神纽带，深刻认识传统节日以其周期性、民族性、群众性、综合性的特点，以及在传统文化中发挥的无与伦比的重要功能，切实守好传统节日这一中华民族的精神家园。

研究挖掘和宣传保护并举

斗转星移、沧海桑田，传统节日在时间老人的呵护中成长着，也在

177

变化中深深留下了历史的烙印。岐山县是传统节日礼俗最为厚重的地域之一，可谓"秦无旧俗云烟媚，周有遗风父老贤"（唐谭用之《寄岐山林逢吉明府》）。但就传统节日而言，已难得旧时的兴隆之象。作为节日参与主体，境内超过半数的青年人对不少传统节日表示"没感觉"，高达80%的人认为一些传统节日的敬畏感、庄重感、神秘感消失，对节俗礼仪也知之甚少。现代化使得传统节日文化土壤加速退化，越来越多地感觉到传统节日不适应现代要求，逐渐漠视传统节日的文化精神价值，从而造成了传统节日的逐渐淡化。要引导全社会重视并切实利用好节日真正成为凝结中华民族的民族文化、民族精神、民族情感时机，成为维系人们思想情感的文化纽带。

通过研究、挖掘、引导和提升传统节日以人为本、贵人伦重亲情、崇礼尚仪、刚健有为的思想文化传统以及在当代社会中的价值，增强节日文化自信，唤醒节日情结，让广大民众真正了解传统节日的源流及所蕴含的文化精神，从而唤起国人参与节庆活动的热情，形成守护精神家园的文化自觉。

创新形式和载体

传统节日在历史的长河中流淌了数千年，基本的文化精神长盛不衰，但伴随着社会的发展，节日内容和形式不断汲取新的营养，在变异中更新，使传统节日永远张扬着个性，保持着旺盛的生机。在新的时期，继承和发扬传统节庆中的优秀成分，使其保持活力，就必须使它的内容与形式和时代的发展、人们的观念变化相适应，不断创新节日的形式和载体。

历代相沿的岐山春节前祭灶礼俗中，其中一个重要活动就是出生的幼儿在灶爷前寄保，待年满12岁时进行隆重的赎身礼，这里面既有对孩子健康成长的祈盼，也有孩子成长后的喜悦，渗透着浓浓的亲情。现在这一节俗已淡出人们视野，如果我们剔除赎身这一节俗中将命运托付于冥冥之中的成分，转而用成人礼仪取而代之，将会是很有意义的。岐山在龙头节时有耍仪春（俗叫抬懒婆娘）的习俗，年长者还记忆犹新。这一节俗，旨在新春到来，唤醒人们振奋精神，为丰衣足食而勤劳生产。现在这一习俗已很少见到甚至绝迹了。用什么新的内容来充实这一节日，就值得探讨。随着社会的发展，交通的发达，年节当天全家或亲友租车，自驾去邻近景区或者游乐场所游玩，或赴外地过节，成为一大趋势，年夜饭聚餐于饭店，也成为众多人的选择。这种现象上文提起过。这就要求我们在公众场合做足节日内容，将过去居家节庆的一些内容转化为公众活动。适当将传统节日主题由家庭向社会移动。在现代居民社区中，我们可以利用公共活动场所开展春节团拜活动，元宵节、中秋节都可以有集体赏月联欢的社区聚会。通过共享的节庆习俗，增强公众的公共文化空间意识与责任，以孕育培植社区共享的精神传统。好在不少节日的内容被人们在创新中赋予了新的内容。过去在木格窗户上所剪贴的窗花即烟格，已转化为工艺品和非遗产品；年节前，官方采用多种方式向社会各界及各条战线上的劳动者传递新年的祝福和慰问，成为年节前的一种新风尚。各类联谊会、茶话会、团拜会，更是在祝福中联络了感情，在寒风中带来了暖意，在交流中凝聚了人心；重阳节前后的集体敬老、志愿者的敬老活动成为这个节日的一道风景线。但是在节日注入新质的同时，要注重文化内涵的渗透，使其具有厚重感。同时也要充分利用现代媒体工具，比如应用互联网、微信、QQ、手机短信、抖音、公众号等，以适应人们快餐式的信息传播和祝福的需要。运用现代科技手段，制作美观大方、富有情趣的节庆文化产品；挖掘与节日礼俗有相关意象的文化符号，组织文人雅士、诗人联家、画家墨客，结合节日主题，吟诗作画、书写墨宝、开展征联，激活节日中的文化韵味。

强化仪式感

传统节日事项一般包括物质层面、行为层面和精神层面，精神层面是无形的，物质和行为层面是有形的，并由种种仪式展现出来。传统节日的节日仪式，传递着人间美好的情愫，成为人们表达内心情感的最直接方式；也让人们在年复一年的仪式实践行为中，不断地强化认可的效果，唤起敬畏心理和对生活的尊重，从而使传统节日超越时空界限，始终发挥着传承优秀文化、凝聚民族情感、融洽人际关系、促进社会和谐的功能。缺少节仪的节日，那就等同于常日；缺少节仪的节日，也就少了参与感、获得感和熏陶感。比如清明节，是追念先人与踏青春游的节日。这一节日仪式活动主要集中在悼亡仪式与踏青活动中，有上墓祭扫、祠堂祭祀、游春戴柳等。旨在通过肢体语言与内在情感的表达，让参与仪式中的人常怀敬畏与感恩意识，从而实现人们与自己的祖先、自然界的联系与沟通，保证生民社会的伦理秩序。而中秋月圆的祭月仪式，则表达了人们期盼团圆的相思之情。

仪式是传统节日的承载，是传统节日得以传承的内动力。节日仪式是一种教养和一种约束，是人们在繁复的仪式中形成新的行为习惯的过程。人的一生是一个连续不断、潜移默化地接受民俗教育的过程。正像美国学者露丝·本尼迪克特所说："人从出生之时就被风俗塑造着他的经验与行为。而且启蒙性的民俗教化一经被认可和接受，自然就会变为一生的文化意识和自觉行为规范。"古人曾有"沐浴焚香，抚琴赏菊"之说，正是由于沐浴、抚琴，才使焚香、赏菊之平常事氤氲出了文雅和庄重感。当年，穷得揭不开锅的杨白劳欠着账也要给喜儿买上两根红头绳，躲着债也要在年关买上二斤白面，因为仪式感已融化在了他的血液中。仪式感的存在，让传统节日成为人们复苏文化记忆、确认精神归属的重要时刻，节日需要仪式庆祝活动。注重传统节日仪式的家庭，必然是一个幸福的家庭；有仪式感的孩子，也必然是有幸福感的孩子。

现代人在高效率、快节奏的世界里，华丽转身的同时失落了不少传统，淡化的节日氛围湮没了种种节俗和节仪。在弘扬光大节日传统时，很有必要重拾有益的节仪，不断更新节仪内容，强化人们的节日仪式感，让民众的情感、民众的信仰在节日仪式中得到释放与表达，并在年复一年的节日仪式重复中变化成我们的言行举止习惯，从而充分发挥出传统节日在文化传统的传递与社会教育方面的重要功能，这也应该是节日元素建设的重要内容。

建立健全引导机制

传统节日从起源、发展、定型和传承数千年，之所以绵延不绝，与历朝历代官方倡导、引导不无关系。如西汉时的贾山在《至言》中指出："风行俗成，万世基定。"应劭在《风俗演义》中也说："为政之要，辨风正俗，最其上也。"宋朝官府充分认识到风俗对于政治的作用，经常派官员到各路"观风问俗，宣布德意"。在此基础上，官方更加重视节日风俗，开始影响节日活动的订立，开始参与、主导节日活动。中秋节起源甚早，但绵延到宋代由于官方的参与，才开始变为一个重要的传统节日。当时，宋太宗在东京（又称汴京，今河南省开封市）正式定农历八月十五为中秋节，取意为三秋的正中，有万民同庆，举国同喜之意。中秋节成为正式的节日，跟北宋政府在东京举行的科举考试也有关。北宋政府的科举考试三年一次，恰好也是在农历八月举行，于是，佳节和桂冠结合在一起，就把应试高中者称为蟾宫折桂之人，后每年中秋就进行隆重庆贺，从而使中秋节之俗风靡全国。

新时代传统节日精粹需要传承、重放光彩，就需要建立和健全必要的引导机制。中共中央办公厅、国务院办公厅印发的《关于实施中华优秀传统文化传承发展工程的意见》指出："充分发挥主导作用和市场积极作用，鼓励和引导社会力量广泛参与，推动形成有利于传承发展中华优秀传统文化的体制机制和社会环境。"因此，政府须对传统节日给予高度重视和保护并积极引导。做好对节庆等非物质文化遗产的保护，避免一些传统习俗、手工技艺因被边缘化而失传。另外，积极营造创设浓厚的节日氛围，让人们在浓厚的文化氛围中自觉受到传统节日的浸染。同时，通过学校教育活动加强节日内涵的传承，结合时代要求丰富传统节日文化的内涵，建立既有传统特色又有现代气息的节日文化体系，使传统节日与现代生活相结合，重新焕发生机活力。岐山县近年来先后出版《岐山节庆民俗礼仪文化》等书籍，通过周文化艺术节，公祭周公大典等载体，为弘扬节庆文化不断探索出新的路子。2016年以来，先后在全县开展传承周礼优秀文化、弘扬社会主义核心价值观活动，挖掘祠堂文化、祭祀礼仪等，进一步丰富传统节日内涵，注入新的要素，激发新的活力，充分发挥了传统节日在传承周文化中的作用，使传统节日在传承周礼优秀文化中起到了巨大的作用。

第七章 礼俗文化的岐山实践

习近平总书记指出："对历史文化特别是先人传承下来的价值理念和道德规范，要坚持古为今用、推陈出新，有鉴别地加以对待，有扬弃地予以继承，努力用中华民族创造的一切精神财富来以文化人，以文育人。……要处理好继承和创造性发展的关系，重点做好创造性转化和创新性发展。"基于文化自信与文化自觉的审视与反思，按照"古为今用、推陈出新、取精弃糟、传承发展"的原则，推进岐山礼俗文化创造性转化、创新性发展，将有助于精神文明建设、公民道德建设和乡风文明建设。

礼俗文化的当代价值

礼俗文化是我国各民族劳动人民生存经验和先贤思想智慧融合的结晶。无论是古代还是当代，礼俗文化都具有民族性、时代性和地域性等特征，都具有极高的价值。

在中国传统文化的宝库中，礼仪和民俗占有相当重要的位置，在大力倡导构建和谐社会的今天，了解礼俗的产生及其历史演变，对于加强社会主义精神文明建设，搞好人际关系，规范行为举止，缓解社会矛盾，保持社会稳定具有重大意义。在精神文明建设和乡风文明建设的实践中重新审视礼仪和习俗的价值是很有必要的。当代传承弘扬礼俗文化，对于增强公民公共道德认同、规范社会秩序、促进社会和谐发展、塑造完美人格、鼓励个体成长等，具有十分重要的现实意义。

"制礼作乐，确定刑名"是周公的主要功绩，这个"礼"，其实就是今天我们所说的法，古代是国家制度和人们的行为规范准则。周公将这种规范准则（带有强制性）融入人们的日常行为之中，成为人们自觉奉行的意识理念。周公高明之处在这里得到充分体现。周礼文化的宗法等级制度主要适用于传统社会的礼治传统，某些内容与当今社会的平等理念和法治要求已不相适应。一是周礼文化规定的礼仪制度和等级秩序，实际上是国家主导的政治制度和政治秩序。同时也是社会的生活秩序，从根本上说仍然是一种德治和礼乐文化。这种传统的礼乐文化一方面使礼仪成为人们自觉奉行的意识理念，另一方面也让公共性的规范进入私人生活并且成为约束私人生活的基本原则。如果社会一味地模糊公与私、道德与法律的界限，不仅个人隐私和权利难以得到有效保护和根本保障，而且必然会造成各种不公平的社会现象和各种徒有形式、没有实效的繁文缛节现象。这些现象难以与自由、平等、公正、民主、法治等社会主义核心价值观相适应和衔接。二是传统的礼仪文化所约束的主要是熟人社会中的角色等级和人际关系，现代社会则不得不面对和处理陌生人之间的关系。这就不仅需要确立现代社会陌生人之间的社会伦理和交往理性，还需要建立并实施保障人权和社会公正的法治制度。

当今，我国政府正在强调和实行全面以法治国，因此，在当代中国让礼俗文化与时俱进并对它进行创造性转化和创新性发展，以适应现代社会价值可持续发展的要求，是摆在我们面前的一项艰巨的文化任务。只有勇于完成这项任务，我们才能更好地继承并发扬礼俗文化，让其在当代社会发挥更大的更有效的积极作用。我们应该自觉肩负起传承中华优秀传统文化的历史使命，弘扬时代精神，增强民族文化自信。因此，如何从周文化传承弘扬出发，对岐山礼俗文化进行挖掘和阐发，赋予其新的时代内涵和现代表达方式，无疑是当下值得探索和研究的方向。

创新性发展路径

要促进礼俗文化的创造性转化和创新性发展，其内涵、意义、路径必须搞清楚。

内　涵

首先是中国传统礼俗文化的传承。要实现中华民族的伟大复兴，就离不开中华优秀传统文化提供的精神滋养和力量支撑。创造性转化的基础是传承。在我国传统礼俗文化中，有许多礼仪习俗依然适合当今社会，是我们民族文化的精髓。需要我们大力继承和弘扬。当然，这种文化的传承并非简单接续式的"复古守旧"，更多的应该是激活传统式的"返本开新"。就是要将传统文化自觉与现代社会发展实践相结合，要使传统礼俗文化融入现代生活，走入现代人心中。其次是传统礼俗文化的创新。中国传统礼俗文化要想生存和发展，并与现代化社会生活产生更大的规范和指导作用，必须与时代精神融合，与时俱进实现再创造。现代人是不可能与古人的思想完全一致的，所以对礼俗文化的再创造就是用我们今天"文本"，对古人的优秀礼俗文化进行"意义再创造"，也就是在厘清礼俗文化的基础上，挖掘其与现代生活和时代精神相协调的文化物质，进行现代性的诠释，赋予其时代内涵，使传统礼俗文化在超越自我中获得新的生命力和创造力，从而健康、创新地发展。

意　义

有助于促进社会主义核心价值体系实施。中华优秀传统文化是中华民族的血脉和魂魄，许多优秀的思想永远不会过时，如自强不息、厚德载物、诚信为本、勤俭廉政、精忠报国等道德理念今天依然是我们民族精神的核心。社会主义核心价值体系不可能完全独立于这个传统文化，反之，一旦割断这个历史血脉，就会迷失方向，丧失根本。传统礼俗文化价值的实现必将有力地推动社会主义核心价值体系的实施。

有助于增强文化软实力，维护国家安全。中国共产党审时度势，看到当今世界文化软实力已经成为民族凝聚力和创造力的重要源泉，成为综合国力竞争的重要因素这一客观规律，于十八大作出了实现文化大发展大繁荣、建设社会主义强国这一宏伟目标的重大决策。

有助于挖掘中国传统文化的当代价值。对各种文明交流、交融、交锋日益频繁的形势下，如何保持我们民族文化的生机与活力，增强中华民族的向心力和归属感，从根本上抵御西方资产阶级思想文化的渗透具有十分重要的意义。

路　径

周人在岐山隆礼重仪，形成的以"礼、仪、和、德"为精髓的周文化和礼仪文化精深博大；周人确立以遵循"天道"为至高理念的精神信仰，超越了狭隘的远古拜物图腾思想，带来了中国历史上首次思想大解放；尊崇自然规律和社会规律、追求"天人合一"的崇高信仰，为社会生活提供了合理、神圣性的思想基础，赋予了周人强烈的使命感和自强不息的精神，也孕育塑造了中华文化的基本性格。这种文化使西周成为中国早期文明的高峰。为人称道的礼仪文化，是周文化极其重要的内容和亮丽的奇葩。几千年来，优秀的礼俗传统，经世代传承前行，逐渐形成了陕西岐山人独特的道德规范、民俗风情。岐山的方方面面、角角落落，都有着古老礼俗文化的印痕。实可谓入乡随俗，时时有礼、处处有礼。

功能及其实现方式的转化。礼俗文化各项功能的重要程度及其实现方式根据时代需要进行转换，尤其是政治功能被弱化，不再成为国家直接调控社会关系的手段，礼俗更多的是作为个人形象塑造和人际交往的需要所采取的一种提升手段。这种需要由被动变为主动，国家不再进行严格的规范，而是通过自下而上方式进行体系完善。并主要通过社会舆论监督来实现其政治功能。还有一些其他功能被充分挖掘出来，如娱乐功能、经济功能、管理功能、艺术功能等等。礼俗文化渗透到各行各业，并与之紧密结合，形成各个行业独特的礼俗文化体系。

主体及其相互关系的转化。礼俗文化的主体由统治阶级为主向社会大众为主转换，这种转换突出表现为礼俗规范的形成从统治阶级精心修订完善，转变为由民间自发研究实践。在封建社会，国家设置"礼部"组织负责对礼俗文化实行监管，礼部可以对官员和百姓的违规行为进行严厉处置。现代社会显然不再需要这种监管，而是将权力交给了人民群众，由社会舆论实施监管。人民大众既是监管者，也是被监管者。主体之间的关系也是一种平等关系，互敬互爱、互帮互助、互相监督，成为一种大众文化。

内容与形式的转化。这是最重要、最复杂的转换。传统礼仪文化主要围绕五个方面，即吉、凶、宾、军、嘉进行设计，并形成了相应的民俗。作为"宾礼"的待客之道也获得新的意义，突出体现人与人之间的平等、敬爱、和谐关系，形式也更加简化，磕头、跪拜、作揖基本取消，而敬礼、握手、寒暄、问候更加随意，并向个性化发展。作为"凶礼"的丧葬之礼，虽然有所保留，但也更加简洁，以志哀、追悼、思念为主，迷信色彩逐渐取缔。总之，现代化礼俗文化渗透到社会生活的方方面面，更加细致、更加丰富，形式灵活方便，富有人性化和情感化。

礼仪文化的地标工程

广袤壮丽的西岐故地，厚重神奇，遗址遗迹众多，礼仪文化丰富。多年来，岐山县在对这些资源的整合中，加大维修建设力度，并以这些资源为载体，开展多种文化活动，以张扬礼仪文化的魅力。

礼仪文化传承地

周公庙及周城景区。为了将建于唐代的周公庙打造成举世闻名的研究周文化、弘扬民族优秀传统文化的场所，岐山县投入大量资金，持续不断地对周公庙进行维修建设，对其中的古景、古韵、古迹进行保护性开发扩张，充分展示周文化和礼仪文化灵魂和价值所在。2007年，县上投资修建了占地560余亩的周公庙北坡凤凰山景区工程，整个工程设计合理、布局得体、雅致大气、内涵丰富，向世人充分展示了博大精深的周文化尤其是礼仪文化的魅力。尤其是陕旅集团投资6.8亿元建成占地360余亩周文化景区，以"古、土、乐、奇、巧"为思路规划，以"天、地、人"为轴分区，由周王室、百工坊、诸子百家园、封神乐园、百鸟乐园、中轴文化展示区组成的综合景区。

2000至2018年，岐山县在周公庙举办了三届高规格的中国·岐山周文化艺术节。2005至2015年，县政府在周公庙广场多次举行"公祭元圣周公旦大典"。公祭仪式主要有击鼓鸣钟、礼炮锣鼓告祭、各有关方面和各界人士敬献花篮、恭读祭文、瞻仰周公像等。2000年，为期10天的中国·岐山首届周文化艺术节，以举行盛大开幕式、祭祀周公仪式、举办《凤鸣岐山》大型文艺演出、开展周文化研讨等为主要内容。研讨会共收到省内外63位专家学者近80篇论文，有多位论文作者在会上发言。并在会期展出与周文化和礼仪文化有关的高规格题词及书画作品300余幅。这届艺术节规模之大、牵动面之广泛、活动内容之丰富，为岐山节会史上第一次，收到了积极的良好的效果。

周太王陵及周三王庙。具有很高的文物价值，隋唐时期就有。2013年，岐山县按照"修旧如旧"的古建修复原则，对三王庙进行科学严谨的修复，完全恢复明清时期的原貌，同时对太王陵进行了修整。使这座象征着华夏文明源头的周人祖庙，与县城的周公庙交相辉映，成为周文化历史遗迹中最古老的一个新亮点。长期以来，这一载体成为各地各姓宗亲来岐山寻根祭祖的祭奠处。海内外吴姓宗亲，特别是江苏无锡等地吴氏宗亲频繁来此祭奠。以此为纽带，无锡市梅村镇和岐山县祝家庄镇（2015年并入京当镇）结为友好镇，联手弘扬周文化和吴文化。

礼仪文化地标性工程

岐山县紧紧围绕建设中国礼仪文化之乡的目标，以体现悠久历史和礼乐文明为宗旨，在县城投巨资先后建成了二王三公雕塑广场、怀豳望岐东大门、礼乐广场等一大批礼仪型地标工程，使人们入其境即熏陶在礼乐文化的氛围中，感其德、受其教、践其行。

岐山腾飞的象征——南大门。位于县城南大街南端，于2006年9月动工建设，11月底全面竣工，总投资173万元，占地40亩。大门南设高18米的青铜器华表16座，华表纹饰采用西周青铜器龙凤纹样，整体造型大气美观，象征着腾飞的岐山，也体现了悠久灿烂的历史文化，成为县城一道特有的风景。大门广场以岐蔡路为轴线，两侧建有景观绿化带，修排水渠680米，硬化人行道2100平方米，栽植雪松、紫薇、樱花、石兰等23种景观花木，绿化面积13720平方米。

岐山县迎宾标志——礼乐门。位于南大门南100米，2009年11月动工建设，2010年9月竣工，投资225万元，用锻铜制作，是当今最大的西周礼尊和编钟青铜器文物复制品。其高度为13.8米，左右两侧为对称的四只凤凰，装饰美妙，华丽迷人，寓为凤凰承载着华夏礼乐文明落在岐山这块神奇的土地上。

岐山县城的中心花园——礼乐广场。地处北环路与北大街交汇处，占地1万平方米，2009年11月动工建设，2010年9月竣工，投资550万元，硬化面积8000平方米，绿化面积2000平方米，场内安装照明灯具111盏，建廊架3座，168平方米，栽植菩提树、蓝田竹、连翘等名贵花木18种24700余株。广场以周文化为背景，以"礼""乐"为核心，突出礼尊、乐和、文明、和谐的主题，意蕴独特，规整大气，展现了周公"制礼作乐"的文化内涵。广场分为东西两半：东广场以"礼"为主题，西广场以"乐"为主题。东广场以西周时期的礼器——玉琮文化柱雕塑为中心。该玉琮（又称"礼琮"）内圆外方，很有象征意义（前文介绍过）。

人文荟萃——周原广场。位于县城西关，2001年3月动工建设，于2002年12月竣工，总投资1000万元。整个广场占地4.6万平方米，以北干渠为界分为南北两部分，南广场为集散广场区，2.6万平方米。主要设

191

施为周坛、弧形壁、石雕龙凤柱、石刻及8件复制文物，其中主景有"文王访贤""武王返岐"两大群雕，锻铜大盂鼎一座（直径5.34米，高6.9米，基座3米，共高9.9米），代表岐山青铜器之乡的美称，两侧9根龙凤柱代表岐山人民敢上九天揽月的英雄气概。在广场北边的林荫道两旁，竖立着2009中国·岐山·第二届周文化艺术节前国家领导人及社会名流的题词石刻。周原广场像一座丰碑，屹立在西岐大地上。显示着西周文化的昨天，更象征着岐山辉煌的明天。

特色街区——凤鸣古街。 该街是将北大街桥头到凤东路之间总长500米的北干渠现浇加盖，加盖以上部分建成外装饰明清风格的木雕、飞檐、脊兽的120间商用房，并在其间配有小型娱乐广场、周代人物壁画墙、青铜器复制品仿古式回廊等，还有10米高的三门四柱型彩绘牌楼，上嵌有明制高浮雕飞凤牡丹，两侧人字墙中镶有巨幅壁画。呈现出浓厚的古文化和地方特色，是西府地区少有的仿古一条街。现已成为推介周文化、提高岐山知名度的"名片"和打造凤鸣全国旅游名镇的特色景观。

文旅名片——太平市。 位于岐山县城凤鸣西路，于2020年8月建成并逐步开放，占地70亩，是岐山县委、县政府依托全国重点文物保护单位——北宋太平寺塔而建成的文化旅游休闲街区，形成"一塔两街三牌楼十二院"的八面玲珑格局。以"咥街"特色美食、"岐山印象街"特色地域文化贯穿内街，汇集了知名品牌店铺、非物质文化遗产店铺、岐山特色文化展馆、岐伯纪念馆、太平塔公园以及音乐喷泉广场，成为岐山县最具特色的地标建筑，满足了游客吃、住、玩、游、购、娱全方位需求。太平市主要以关中牌楼、关中传统的青砖灰瓦式设计以及明清硬山式仿古建筑群落和院落为载体，打造关中区域集文化旅游、民俗休闲、美食体验、非遗展示、精品民宿、生活配套为一体的综合性文化旅游名片。

有形载体传承无形礼仪

岐山境内古墓葬密布，除在凤凰山遗址发现的4000余座商周时期墓葬外，县境内其他地方共发现古墓葬（群）115处，其中商代至汉代墓葬78处。名人墓葬有周太王陵、汉代五王八侯墓、唐代元师将墓、李淳风墓、五代后唐时期后秦王季从俨夫人高平朱氏墓、明代许衡墓、杨武墓、杨绍程墓等。以白草地墓群为例，此墓群是一处西周时期高级贵族墓群，位于凤凰山遗址内的凤鸣镇庙王自然村的山坡上。经周公庙考古队调查勘探，墓群面积约8万平方米，共钻探发现土坑竖穴墓葬200余座，为一处高级贵族墓地。2004年发掘了其中的3座墓葬，均被盗扰，但出土了2件铜簋及几个小件玉器。该墓为研究周公庙附近西周聚落分布及葬俗提供了重要考古资料。

石窟寺及石刻岐山境内也较多，全县共有石窟寺8处，各类石刻192件。它们作为记录人类物质文化的载体，反映出不同时期社会面貌的某些点滴场面。岐山境内石窟石刻主要有丈八寺石窟、润德泉记碑、箭括岭摩崖题刻、九龙山开山题刻、五丈原诸葛亮庙前后《出师表》石刻等。如九龙山开山题刻雕刻于清代，位于蔡家坡龙泉原村黑沟河组约1000米处的九龙山，高约3米、宽约2米的岩石上，阴刻"王、金二人开山，乾隆十七年"11字。该题刻对研究岐山地区特别是南部秦岭山区清代以来的民间信仰有一定价值。

创建"中国礼仪文化之乡"

为了弘扬周礼优秀文化，激励全县人民，凝聚全县之力，经过广泛征集、反复遴选、讨论推荐，2011年岐山县推出了"厚德、仁爱、包容、求实"八字岐山精神。这八个字中，厚德、仁爱既是对岐山民风民俗的总结，又是引领人们践行礼仪文化精髓的目标，体现了周的传人打造礼仪之乡的殷殷之情。为践行岐山精神，全县深入开展学习宣传"岐山精神"活动，在学习中理解，在理解中践行，从我做起，创建文明县城，打造礼仪之境，使岐山精神家喻户晓，人人皆知，成为岐山人励志奋进的共同价值追求和行为准则。岐山精神的践行，使全县形成了团结友爱建和谐，热爱岐山干事业的良好氛围。追求村风民风淳朴，社会秩序良好，崇尚礼德，已成为广大群众的自觉行为，乐善好施，尊老孝道、助人为乐的好人好事层出不穷。

岐山县历来很重视礼仪民俗在本土的传播和应用。尤其是近十几年来，县委县政府把挖掘、弘扬周文化和礼仪文化，纳入社会主义精神文明建设和社会主义核心价值观教育活动的重要内容，作为铸品牌、强效应的战略工程来抓，积极践行"岐山精神"，扎实开展创建"中国礼仪文化之乡"工作，推动了礼仪文化的繁荣与发展。为加强对创建中国礼仪文化之乡工作的领导，成立了由县委书记任顾问、县长和县政协主席任组长、有关县级领导任副组长、相关部门负责同志为成员的创建"中国礼仪文化之乡"工作领导小组。在国家和省民间文艺家协会及相关专家的指导下，围绕创建目标，制订下发了创建工作实施方案，落实领导责任，健全工作机制，确保了创建工作的顺利开展。各镇、系统及事（企）业单位也相应制定了实施意见。为使礼仪文化入脑入心，创建工作全民参与，县上不断创新载体，多方联动，促使文明礼仪知识和言行举止规范的宣传、普及的全覆盖。县上制定了《岐山县文明市民公约》《岐山县讲文明改陋习树新风公约》《机关工作人员文明言行规范》等，在机关单位、城区醒目位置长期张贴；利用电子屏幕、电视广告、公交车、出租车、手机短信、微博等发布文明礼仪知识宣传标语，营造文明礼仪氛围。在城区街道、公园广场、汽车站等公共场所，制作墙体公益广告，重点围绕"中国梦"、弘扬中华优秀传统文化特别是礼仪文化等内容进行选题宣传。县电视台举办了礼仪文化大讲坛专题栏目。县文明办、县妇联联合发布了"文明礼仪伴我行"倡议书，倡议全县广大干部群众和妇女姐妹们争做文明礼仪学习者、传播者、实践者。

抓点带面、典型示范，加快推动全县礼仪文化之乡创建工作。县政协和县上相关部门领导凝心聚力抓落实，多次深入实际，面对面指导全县此项工作。县教育体育局在创建活动中，制定了切实可行的实施方案，坚持礼仪文化教育从娃娃抓起。各学校利用晨会、主题班会以及课堂教学等形式，深入开展文明礼仪教育，各校将《常规》装裱上墙，并通过制作文明礼仪专栏，利用校园广播、网络、手抄报等形式，进行文明礼仪知识宣传，做到了校校有专栏，班班有板报，努力使学校成为文明礼仪的宣传点和示范窗口，使学生成为文明礼仪行动的先锋队。通过学生影响社会各个层面，积极投身到创建文明礼仪之乡的活动中来。为进一步增强教育效果，起到示范引领作用，岐山县各中小学校不断创新载体，开展形式多样、内容丰富的主题教育活动。将培养学生知礼仪、懂礼貌、讲文明的日常行为习惯，作为学生教育的一项重要内容，教育学生学习、遵守中小学生《守则》和《行为规范》。要求全体教师率先垂范、文明从教，为学生做好榜样。切实抓好学风、教风、班风、校风建设，为学生成长创造良好的环境。同时，落实好"德润周原·书香岐山"教育活动，开展"美德少年"学习活动和评选活动，开展经典诵读比赛和文明礼仪知识竞赛以及好故事征文活动，编印《未成年人文明礼仪手册》，抓好学前幼儿园、中心小学、初中、高中（职中）礼仪文化教育示范创建工作，使广泛开展的礼仪文化进校园活动效果显现。如岐山县枣林中学校园整洁美丽的草坪里，放有十九块分别刻有"礼""智""忠""孝""诚""信""恕""悌"等周文化和礼仪文化文字符号的巨石，这是学校打造的以"石文化"为标志的校园文化。不只枣林中学，岐山县百余所中小学校园内，都有各种不同形式的校园文化展示。

通过这一系列活动，使全县学生的文明礼仪素养和思想道德修养有了全面提升，使礼仪文化渗透全县教师、学生、员工的观念、言行举止之中，渗透他们的教学、科研、读书、做人的态度和情感之中。

共青团岐山县委以弘扬周礼优秀文化为主题，大力推进优秀传统文化时代化、大众化，引导青年深刻把握周礼优秀文化与中国梦的关系、与社会主义核心价值观的关系，全方位、多形式、多渠道在全县青少年中推动礼仪文化的宣传与普及，为创建"中国礼仪文化之乡"、促进全县文化大繁荣大发展凝聚和传递青春正能量。开展收集周礼名言、宣讲礼仪故事等传承活动，以周文化集体婚礼、成年礼、拜师之礼、相见之礼等为重点，在少年儿童中开展学习礼仪、展示礼仪、宣传礼仪活动，引导少年儿童认识了解岐山"中国礼仪文化之乡"，培养少年儿童重礼仪、讲文明的习惯。结合周礼文化特点，适时举办青年周礼集体婚礼、周礼传统婚礼展演等活动，倡导青年结"素婚"过"油日子"。举办传统礼仪展示评比大赛，将传统礼仪与弘扬传统文化、继承人文精神结合起来，让青少年感受礼仪之美，领悟传统文化精髓。组织少年儿童开展"小手拉大手——我把礼仪带回家"活动，让团员青年、少年儿童知晓礼仪、践行礼仪，建设礼仪之家、文明之家。开展节日青年文化活动。以春节、清明、端午、七夕、中秋、重阳等传统节日为载体，充分挖掘宣传节庆习俗内涵，以怀念、感恩、团圆、孝敬、仁爱为主题，策划节日民俗、文化纪念等活动，增强对周文化和礼仪文化的认同感和自豪感。在烈士陵园开展缅怀先烈、重温入党入团誓词活动，缅怀革命先烈的丰功伟绩，继承和发扬革命先烈的精神，激发广大团员青年为实现岐山梦而努力奋斗。针对机关（企事业单位）青年的特点和现实需求，在"七夕"组织开展此项活动，为其搭建相互认识、相互了解的平台，为青年交友、婚恋提供服务。重阳节期间，走访慰问县内周文化研究会成员、研究员等老人，倾听学习他们对周礼文化的认知和解读，陪伴老人欢度重阳节。开展周礼传承体验。以周文化研究会为平台，建立合作机制，组织机关青年、青年学生、少先队员走进周文化，亲身参与周礼文化活动。举办青少年书画大赛。书写周礼古训、典章、故事，绘画周礼传统服饰、器物、创建场景等，发现和培养青少年书画人才，传播文化礼仪。团县委还特别在农村青年中，利用年庆春节时机，开展礼仪传统文化年庆活动，提高农村青年对礼仪文化的认识，扩大了宣传面和影响力。

县妇联在全县创建中国礼仪文化之乡活动中，以"文明礼仪家庭"创建活动为抓手，以"爱国守法、文明诚信、爱岗敬业、勤劳致富、移风易俗、婚育文明、低碳生活、保护环境"为主要内容，以提高生活质量、协调家庭关系、丰富文化生活、美化生活环境为重点，培育"爱国、明礼、诚信、友善"的合格公民，组织和动员全县广大家庭成员开展共建"文明礼仪家庭"活动。制定下发了《岐山县妇联关于创建"中国礼仪文化之乡"的实施方案》《岐山县妇联关于"好家礼好家训"主题宣传展示活动的实施方案》《岐山县妇联关于开展"文明礼仪家庭"评选活动的通知》等文件，加强宣传，营造氛围。开展弘扬社会主义核心价值观，深入推进"文明礼仪进家庭"活动，使广大家庭学有榜样，赶有目标。涌现出了凤鸣镇太子村村民孙荣宽等12户岐山县"文明礼仪标兵户"，蔡家坡镇五星村村民蹇晓荣等100户"文明礼仪示范户"等家庭。在"文明礼仪家庭"标兵户和示范户的影响带动下，西岐大地崇德尚礼蔚然成风，健康向上的家庭文化孝道文化得到了推崇和弘扬。

县总工会紧紧围绕"礼仪文化进企业"工作目标，以创建"文明礼仪示范企业"为抓手，深入开展礼仪知识宣讲、示范创建活动，积极营造"讲文明、懂礼仪、守秩序"和"企业爱员工、员工爱企业"的良好氛围，重点抓了2户礼仪文化进企业典型，全力打造企业文化品牌。县文化广电局还与蒲村镇紧密配合，立足岐山周礼祭祀习俗，依托周公庙风景名胜民俗区，蒲村镇邢家祠堂，按照西周仪式和礼制，开展祭奠祖宗活动，充分展现了岐山独具的祭祀礼仪文化风格。凤鸣镇、蒲村镇重视创新活动载体，抓好具体活动落实，使创建活动有色有声。为促进公正文明执法，县委政法委在全县政法系统深入开展文明礼仪执法活动，加快推进服务型行政执法建设，重点抓好2个文明礼仪示范岗和文明示范窗口创建活动，培养严谨统一、文明规范的职业礼仪，切实做到了严格规范、文明执法，既受到了社会各界的赞誉，又促进了创建活动的步伐。县委宣传部、县文化广电局、县文联等部门，全面收集整理全县礼仪文化的史籍记载、文学作品、民间传说、故事、图片、影像及礼仪文化的规则、管理保护、传承等方面资料，认真梳理编纂成册。为挖掘民俗礼仪文化内涵，文化广电局坚持以社会主义核心价值体系为引导，广泛汲取周礼文化元素，重点抓好具有代表性的满月、婚嫁、祝寿、丧葬及成人礼等重要民俗礼仪传承展示工作，按照礼仪规范要求，做亮展示点，充分体现岐山民俗礼仪文化的特色。县政协、县文明办、县团委联合举办了"岐山县礼仪文化"主题演讲比赛，听（观）众深受启发，倍感鼓舞，精神振奋。毫无疑问，在当前形势下，礼仪已不是个别行业、个别社会层次的需求，而是全民所需。

以礼俗搭台、餐饮唱戏成立于1998年的西岐民俗村，位于周公庙下的北郭村，是依托周公庙景区丰富的民俗饮食文化、礼俗文化、农耕文化相融合的得天独厚的优势发展起来的，被誉为"陕西第一民俗村"。该民俗村在不断发展中坚持传承礼俗文化，通过不断传承礼俗文化促进民俗村健康可持续发展。村内有堰河建设的"周礼坊"集中接待小区，北郭片区建设的民俗苑、周原老街接待小区等，已成为园区接待新亮点。在举县一致创建"中国礼仪文化之乡"的活动中，西岐民俗村除进一步对人员教育培训外，还按礼仪道德的理念，对各户的接待服务和餐饮质量提出了要求和规范。文化氛围浓了，饭菜档次高了，宾客光顾多了。西岐民俗村近年来屡获殊荣，先后被命名为"全国农业旅游示范点"、"中国最有魅力休闲乡村"、首批"陕西乡村旅游示范村"、"陕西省一村一品农家乐明星村"、"陕西省十大热点乡村旅游地"、"宝鸡市十大最美乡村"等。一个集古迹游览、田园观光、民俗体验、名吃品鉴、休闲度假、产业开发为一体的岐山乡村旅游新格局已初步形成。一位外地民俗专家在岐山民俗村考察后这样评价说："礼俗文化是西岐民俗村赖以生存发展的基础，是它的生命之源和魂与根。"周公庙风景名胜民俗区管委会又紧密结合礼俗文化，引导民俗接待户和民间多世同堂户，按照岐山民俗礼仪对饮食餐具、饮食礼俗进行传承再现，重点抓好1户民俗接待户、1户多世同堂户岐山礼俗文化典型，体现了岐山礼俗文化特色，进一步突出了岐山饮食文化的精、美、情、礼。

在全县人民的拼搏奋斗、不懈努力下，岐山县继2014年10月20日荣膺"中国地名文化遗产千年古县"称号以后，农历乙未羊年伊始（2015年2月15日），岐山县又斩获"中国礼仪文化之乡"的殊荣。它的命名将对保护岐山独特的礼仪传统文化资源，进一步弘扬中华优秀传统文化，推动传统文化科学发展，实现"岐山梦"进而实现"中国梦"具有重要意义。

周礼文化与社会主义核心价值观融合

周礼文化是周文化的核心内容，是中华传统文化的基石。周礼文化与社会主义核心价值观是一脉相承的关系。2016年2月，中共宝鸡市委出台了《关于传承周礼优秀文化，弘扬社会主义核心价值观的意见》，并确定在周礼之乡——岐山县先行试点。岐山县探索传承创新周礼优秀文化与社会主义核心价值观有机融合方面有着得天独厚的人文资源和载体。县委、县政府高度重视，成立专门机构，制定工作方案，坚持以习近平新时代中国特色社会主义思想为指引，大力传承周礼优秀文化，弘扬社会主义核心价值观，实施"于家于国、克己奉公、一言九鼎、崇仁尚爱、公平正义、遵纪守法、立德修身、和邦合民"八大工程，取得了成功经验。经中央和省市媒体广泛宣传，在社会上产生了很大影响。先后吸引台盟中央、江苏淮安、江西赣州等地90多批4600余人次前来参观学习。岐山县的传承弘扬工作经验在2019年4月中宣部举办的新时代公民道德建设工作培训班上进行交流推广，受到了各方认可和借鉴。

深度挖掘，阐发周礼优秀文化时代内涵

从2015年起，与中国先秦史学会、北京大学考古文博学院、清华大学出土文献研究与保护中心、中国周公思想研究会等单位，连续举办五届全国周文化暨周公思想学术研讨会，来自全国大学、社科机构专家共400多人，编辑出版论文五本共400余万字，持续加强对周文化的研究探讨工作，成立中国周文化研究院，理清周文化的基本脉络、发展流向、演变特质。编辑出版了《周文化丛书》《典说周文化》等书籍，形成了《周礼优秀文化与社会主义核心价值观融合发展研究》等研究文章1000余篇。弘扬精髓。邀请中国先秦史学会会长宫长为教授，全国政协委员、文化学者岳崇为全县干部作《传承优秀周文化践行社会主义核心价值观》《弘扬正能量，树立文化自信》专题讲座，开设《话说周文化》专栏，使内涵丰富的周文化接地气、易接受，推动周文化从"小众"走向"大众"。创新发展。充分发挥周文化研究基地作用，深入挖掘祭祖、过寿、娶亲、满月等节庆中的传统习俗和饮食、待客的传统礼节，结合现代文明的礼敬、科学、节俭等要求，制定出新时代礼仪节庆规范。目前，已有海内外周氏宗亲、吴氏宗亲、邵氏宗亲来岐山祭祖，岐山"厚养礼葬"的改革经验已在全省推广。借助周原景区、秦忆浓、天

缘公司等企业平台，举办岐山臊子面、岐山转鼓、农家醋等非物质文化遗产展演活动，让文化价值转化为"实用价值"，实现文旅深度融合发展。

宣传引领，促进核心价值观入心见行

广泛宣传。设计推广岐山logo标识，创编大型秦腔历史剧《凤鸣岐山》《甘棠清风》，创作电影、电视连续剧《凤鸣岐山之周公》《寻根周原》文学剧本，举办"我们的节日·公祭周公"，周礼文化主题晚会等文化活动，设置车体、墙体广告，建设周礼文化主题公园和传承践行文化广场，在公众场所和居民小区布设文化墙、宣传栏，下发宣传手册、倡议书，县、镇、村三级共同发力，岐山政务网、县广播电视台、县文明网、"岐山弘扬"官方微信等协同宣传，形成了传承周礼文化、弘扬新风正气的强大声势。《瞭望》周刊以《"凤鸣之地"彰显文化自信》为题作了专题报道，中央和省市媒体先后刊发报道100余篇。以文化人。深入挖掘西岐大地上优秀历史人物，利用动漫、雕塑、图册、书籍等形式，广泛宣传后稷教稼、古公迁岐、太伯奔吴、文王访贤、周公吐哺、甘棠遗爱等31个历史典故，用古代先贤的事迹，传承革故鼎新、脚踏实地、勤政爱民等思想，让人们见贤思齐，承担历史使命和时代责任。

榜样育人。充分发挥近年来岐山人在各行各业中传承周文化先进典型的引领作用，用援藏干部张宇、新型农民工楷模巨晓林、港珠澳大桥总工苏权科、固体火箭专家侯晓、舍己救人英雄侯天祥、道德模范董彩霞、现水玲等身边的先进典型，用先进人物不忘初心、爱岗敬业、勤政爱民、精忠爱国的典型事迹，引导和激励干部群众担当作为、砥砺奋进；用看得见、学得了的典型人物事迹，激发了广大干部群众的爱国情怀、敬业精神和诚信操守。

点面结合，持续深入推进传承践行

抓点示范。从周文化"德、诚、礼、和、廉、孝"等核心内容入手，打造"一村一特色、一点一主题"的示范点16个，突出历史记忆主题，如：堰河村：洁净家园，礼仪新村；八角庙：礼法治村，规矩方圆；晁村村：和合晁阳，勤劳传家等。突出村情亮点主题，如：召亭村：甘棠遗爱，勤廉齐家；桥山村：御史故里，文明新村；蒲村村：家风代代传，明德树新人等。突出群众关切问题，如：小强村：百善孝为先，家和万事兴；焦六村：遵守村规民约，倡导德孝礼和等。突出行业特色主题，如：社保大厅：德礼传大爱，真情暖万家；天缘公司：做诚信天缘人，酿地道岐山醋等，做到了处处有历史，步步有文化，点点有特色。

以点促面。在做好点上工作的同时，注重面上发动，传承周文化蕴含的创新精神和进取精神，在机关单位、综合执法单位和服务窗口开展"承诺、守诺、践诺"岗位竞赛活动，采取微信传送、电话预约、上门服务等形式开展优质服务，实现了利民零距离，服务零差错，工作零投诉。传承周文化蕴含的民本思想，在农村成立"红白理事会"，采取群众议、乡贤评、村"两委"定的形式，让群众广泛参与村规民约的制定，倡导节俭朴素、向善向礼村风民风。传承周文化蕴含的和合意识，在居民小区开展"邻里互助认亲"活动，制作"邻里互助卡"，构建了文明知礼、和睦互助的文明小区。打造精品。把饕餮纹、凤鸟纹等周文化元素融入礼乐广场、周文化步行街、凤鸣湖、周公湖等基础建设之中，形成独特的"岐山符号"。立足本土特色，建成了以召亭村"甘棠遗爱"为代表的廉政勤政教育基地，以八角庙村为代表的"礼法合治"教育基地，以蒲村邢氏祠堂、郑家桥杨公祠堂为代表的祠堂文化基地，以"淳风故里"北吴邵村为代表的科普教育基地；让群众在休闲游览中接受周礼文化和社会主义核心价值观的熏陶，确保社会主义核心价值观在基层落地生根。

丰富载体，推动传承践行落实落细

从身边抓起。开展好媳妇好婆婆、好家庭、好少年、好干部、岐山好人、诚信之星"六评"活动。挖掘和传播发生在干部群众身边的好人好事，用身边事教育身边人。全县涌现出各类先进典型730多名、十星级文明户4240多户，8人荣登"中国好人榜"。举办"传承周礼文化、讲好岐山故事"大赛等活动，将119名社会公德、职业道德、家庭美德、个人品德先进个人事迹，编辑出版《最美岐山人》，向全县发行宣传；将发生在本地、本单位、本家庭的典型事例编成故事进行宣讲宣传。全县共有100个基层单位创作节目、文本320余个，编排节目230余个，3000多名干部群众演员参与，数万名群众观看，增强了传承践行工作的吸引力和感染力，使社会主义核心价值观展现在群众身边。从家庭抓起。注重家风家训、村规民约的传承与践行，进一步推动移风易俗工作。焦六村制订"以德为先、以和为贵、以诚为本、以礼为典"的村规民约，村乡贤理事会与1200多户家庭签订遵守"村规民约"合同书，规范了村民的言行和村里的社会秩序，昔日的"上访村"跃升为"文明村"。蒲村村总结凝练出了家庭、社会、学校"三位一体传家风"工作法，推动好家风成为人们的日常行为规范。从娃娃抓起。开展《诗经》诵读、《美丽岐山》读本进课堂、岐山特色戏曲（秦腔、曲子、传承践行"三字歌"快板）进校园等活动。县城关幼儿园以"礼润童心，扣好第一粒扣子"为主题，评选礼仪之星，制作"八礼"手册，实施每月一礼教育，收到了礼仪文化浸润童心的效果。县城关小学开展"仪式育德、书香养德、真情润德、课堂蕴德、家风传德、践行弘德"六大主题活动，评选美德少年，教育引导学生迈好人生第一步。在高职中举办西岐青年成人礼仪典活动，传承周礼，明德立志，努力担负起成年人的责任。从小事抓起。小强村倡导全体村民每年为父母做一次体检、陪父母看一场电影或戏曲、给父母添一套新衣等孝老敬老"十件小事"，并在"感恩孝行卡"中予以记录，督促执行，使讲孝道、行孝举在一点一滴中得到践行。晃村村针对农村留守老人较多的实际，成立"爱心联盟组"，12户农户为一联盟组，组与组相互帮衬、相互照料，受到广泛好评。八角庙村用"八礼八法八教育"普及推广村民经常接触的八个法规，发挥了村民自治作用，定期开展"民断是非"活动，让尚礼守法蔚然成风。堰河村立足礼仪新村定位，开展评选"礼仪示范户""礼仪新星"等活动，制作印发《礼仪知识手册》。宣传礼仪知识，弘扬传统礼仪，彰显文明新风。这些"落细落小"举措深得人心，大大增强了群众的获得感、幸福感，充满了引领时代风尚的正能量。

营造氛围。全县形成了顾大局、讲礼仪、有纪律、守规矩的良好氛围。首先，社会主义核心价值观深入人心。从理论研究、宣传教育、活动承载、阵地打造、贯穿融入等方面入手，使社会主义核心价值观变成了一幅幅图片、一个个故事、一件件雕塑、一场场活动，走进了农村、机关、社区、企业等全县角角落落，引导干部群众自觉传播、主动践行，使社会主义核心价值观更加接地气，更加生活化，为建设经济强、环境优、作风好的新岐山凝聚了强大的思想共识。其次，文化自信持续增强。立足"周礼之乡"文化底蕴，加大对镇村、单位历史文化的挖掘力度，全方位展现周文化的人文根脉、永久魅力和时代风采，增强了广大干部群众的思想认同和文化自信。特别是干部群众对本村、本单位历史文化了解更加深刻，对家乡和单位的感情越来越深厚，全县干部群众干事创业的热情空前高涨。再次，社会风气明显好转。传承践行活动的开展，使移风易俗成效斐然，婚事新办、丧事简办，干部群众的"人情债"大为减轻，遵纪守法、孝敬父母、崇尚节俭、乐善好施已成为社会新风。全县群体事件、矛盾纠纷、上访事件逐年下降，干部群众主动参与慈善、志愿者服务等公益活动人数越来越多，捐款捐物数量逐年增加，团结、友善、互助、和睦的社会风尚逐步形成。第四，促进经济社会高质量发展。坚持把传承优秀周文化、培育和践行社会主义核心价值观工作与脱贫攻坚扶志扶智、乡村振兴、美丽乡村建设、村民自治、新时代公民道德建设等各项工作相互融合、相互促进，激发出干部群众的创新精神、进取精神、合作意识、民本思想，为推动县域经济社会高质量发展提供了源源不断的精神动力。

礼俗文化与非物质遗产保护

岐山县不断创新载体，多方联动，促使礼仪文化的知识和言行举止规范要求宣传、普及的全覆盖。宣传方面的形式是多样的，力度是很大的。除前文论述的有关做法外，岐山县精神文明建设委员会办公室早在创建"中国礼仪文化之乡"的2005年，就组织编写了《岐山文明礼仪手册》，有选择、有重点地介绍了公民在公共生活中应具备的文明素养，为人们在仪表仪态、交通出行、职业服务、人际交往、移风易俗等方面自觉规范言行提供指导和帮助，促进公民文明素质和社会现代文明程度提高。《手册》内容大到生活礼仪、社会礼仪、工作礼仪、服务礼仪、校园礼仪、网络礼仪，小到日常的礼貌用语、日常的客套话等都做出了规范。《手册》成为规范干部群众举止言行的重要依据。

在对传统礼俗文化弃其糟粕、汲取精华的前提下，岐山县开展了大规模的礼俗文化事象的非物质遗产保护。将"周公庙古会""岐山婚俗""岐山生育俗""岐山丧葬俗"等列入《岐山非物质遗产图录》；将春节、元宵、二月二、清明节、端午、乞巧节、中秋节等岁时节令列入《岐山县非物质文化遗产续表》，搜集整理资料，并确定传承点和传承人，定期展演，使许多渗透着礼俗文化精神、濒临消亡的民俗事象得以保护和传承。

研究队伍与成果

作为中国礼仪之乡的岐山县，礼仪文化研究一直是全县文化事业的一个重要组成部分，做到了有机构、有队伍、有成果。

研究队伍

2011年8月，岐山县成立了周文化研究会。研究会的成立，是县委、县政府与时俱进，大力宣传周文化和礼仪文化的一项重大举措，旨在周公故里打造起一个周文化交流平台，为周文化和礼仪文化研究者提供一个学习交流活动园地。研究会成立至今，发展会员100多名。研究会也带动了社会上一大批热心周文化和礼仪文化研究者的热情，在全县形成了一支庞大的数百人的业余研究队伍。特别是研究会在研究周文化和礼仪文化方面取得显著成果：一是潜心于学习和研究，撰写近千篇研讨文章，深化了对博大精深的周文化的认识，这些研讨文章中，有90余篇发表于各类报刊，有7篇论文被宝鸡市委、市政府评为社科成果二、三等奖。二是先后组织举办了100多场次周文化和礼仪文化专题讲座。担任讲座任务的既有本土学养深厚的草根学者，也有北京大学、宝鸡文理学院、宝鸡教育学院的著名专家教授。这些讲座的举办，对于挖掘周文化的丰富内涵，宣传普及影响中华民族3000多年的礼仪文化，起到了积极作用。三是成功举办了13次周文化和礼仪文化研讨会。这13次研讨会，前4次没有明确专题，内容比较宽泛。从2015年开始进行专题研讨，当年的专题是周礼文化，主要配合县上申报、创建中国礼仪文化之乡的活动；2016年的研讨专题是《诗经》文化，因为岐山是《诗经》的重要发源地；2017年的研讨专题是《周易》文化，"文王拘而演周易"虽然是在羑里，即河南省安阳市汤阴县，但文王到了羑里就被关了禁闭，不能凭空想象，《周易》中博大精深的思想文化，归根到底还是来自在以岐山为中心的周原大地艰苦创业，励精图治的实践；2018年研讨专题是《尚书·周书》文化，通过扎实广泛的研讨，深刻地认识到中华民族的优秀传统文化主要就根植在《尚书·周书》等经典中；2019年的研讨专题是"周公庙周原景区与周文化"，比较接地气，目的在于为周公庙和周原景区的有效运行提供理论和智力支撑；2020年研讨专题是召公勤廉文化，主要是为了配合召亭村廉政教育基地的建设，也是为了传承和弘扬召公勤廉文化；2022年研讨会专题是"周文化与平安岐山建设"，主要是为了配合平安岐山建设工作；2023年研讨会专题是"'天缘怀'周文化与'一碗面'经济融合发展"，主要是为实施做大"一碗面"战略和发展"一碗面"经济建言献策；2024年研讨会专题是"弘扬周礼优秀文化，促进文旅商体融合发展"，主要为岐山县文旅产业高质量发展建言献策。由于以上广泛深入的研讨，扩大了周文化的影响力，提升了周文化的知名度，推动周文化研究迈上了新的高度。四是利用研究成果积极参与相关文化工作，发挥参谋智囊作用。农村环境综合治理方面、城镇文化景点、学校文化墙、民俗村礼仪建设等工作都渗透研究会的心血。《宝鸡日报》、《无锡日报》、新华社等媒体对其中几名骨干成员进行了30余次采访和报道宣传。

　　数十年间，在周文化和礼俗文化宣传研究方面，县境内和岐山籍人士涌现出了一批佼佼者。如已故陕西师范大学中文系教授、中国音韵学学会会员、陕西省文史馆馆员、陕西省语言学会顾问郭子直；已故中国民主同盟会会员、岐山县文化馆原馆长、岐山文博事业奠基人庞怀靖；

已故岐山博物馆研究馆员刘少敏；已故岐山县文化馆副研究馆员、陕西省优秀民间文学家、县管拔尖人才李正义；已故陕西周原文化研究会、陕西省民间文艺家协会会员崔思诚；已故中国先秦史学会周公思想文化研究会常务理事于少特；中国先秦史学会会员、陕西省作家协会会员、岐山周文化研究会终身名誉会长郑鼎文；中国先秦史学会会员、岐山周文化研究会名誉会长詹生杰；中国先秦史学会理事、岐山周文化研究会会长、岐山县人大常委会原主任傅乃璋等。

近年来，经岐山县社科联批准同意，岐山周文化研究会发展了叩村太伯仲雍文化研究分会、高庙太伯德孝文化研究分会、岐阳石鼓文化研究分会、传统文化促进分会、召公文化研究分会等五个分会。五个分会都多次分别召开了研讨会、举办了有关活动，不同程度地做了卓有成效的工作。为进一步推行传承周礼优秀文化、弘扬社会主义核心价值观工作再上新台阶，第三届周文化研究会命名凤鸣镇堰河村、召亭村，京当镇小强村，青化镇焦六村，蒲村镇蒲村村，岐山天缘食品有限公司等6个单位为"传承周礼优秀文化示范基地"。命名岐山高中、岐山县第三初级中学、七〇二学校等10所学校为"周文化进校园示范校"。此举对贯彻岐山县委、县政府"做活周文化"战略部署，促进传承周礼优秀文化与乡风文明建设融合发展，共建文明乡村、美丽家园、"四个岐山"具有重要的意义。

研究成果

据粗略统计，岐山县出版研究周文化和礼俗文化的书籍近20种，文章数千篇，共800多万字。其主要书籍有：

《周文化丛书》八卷本。总主编傅乃璋，各卷有分主编。为《青铜卷》《甲骨卷》《周礼卷》《周易卷》《姓氏卷》《典故卷》《三王卷》和

《三公卷》，涵盖了周文化的基本内容。它犹如周文化之乡的一张亮丽名片，是对岐山地域特色文化内涵的全方位展示，也是对文化之乡建设成就的一次阶段性总结，带有志书性质，具有较高的文献价值。丛书在资料的把握、内容的取舍、事实的准确、观点的提炼、文字的推敲、风格的统一等方面堪称典范。具备了一定的资料性、研究性、资政性。这套丛书由全国政协原副主席陈宗兴、国家夏商周断代工程首席科学家李学勤、陕西省委宣传部原副部长孟建国作序，中国文史出版社正式出版，两次印刷5000册，发行到全国各地，产生了广泛而重要的影响。被宝鸡市委市政府评为社科优秀成果一等奖。有关人士说："古有周八士，今有周八卷。"丛书的编撰，对于进一步挖掘周文化资源，奠定了坚实的基础，具有十分重要的意义，亦为文史资料工作服务于经济社会发展开拓了新路子。既反映了编创者阐扬优秀传统文化事业的志向和睿智，也体现了其热爱乡土、守护家园的初心和情怀。成果显著，贡献突出。

《〈诗经〉与岐山》。李沛生、杨慧敏著。陕西新华出版传媒集团陕西旅游出版社出版。能让诗在人们心中存活数千年的唯有《诗经》，其他，都是步其后尘而不及。《诗经》内容广博，万象容集，既是文学名著，又是历史学、社会学著作，同时对研究考古学、民俗学、文化学、语言学、神话学也提供了重要资料。《诗经》堪为反映早期社会生活一面镜子和百科全书。阅读《诗经》可以领略那个时代人民的言行、风貌和感情，可以了解各群体之间利益纷争的矛盾事实，可以体会先民生存状况的困苦艰难和不懈奋争的精神面貌。《〈诗经〉与岐山》，"融入了作者对《诗经》、对岐山这方热土深深的情、浓浓的爱，考证严谨，在沉静中蓄势与沉淀，既有在返璞归真中营造一个自然、爽朗、自由、优美、健康、恣意的乡村生活画卷，又有着对地名、人名、方言、风俗等的考证与寻踪；既有着对历史真实的还原与辨析，又有着对部分佳作的精研细读，可谓是作者浸透着深浓故乡情的厚积薄发之力作"。

《西岐饮食礼仪风俗》。李正义著。该书由内蒙古少年儿童出版社出版，被录入《炎黄民间文库》。

《可爱的岐山》。该书由岐山县委宣传部编写，陕西人民出版社出版，是一部全面介绍"礼仪之乡"人文历史内涵的读物。

《神来之食岐山臊子面》。李辛儒著。该书是一部探讨研究臊子面食俗礼仪文化的专著。

《周文化研究文选》。郑鼎文主编，该书共计80余万字，精选了岐山周文化研究会成立十年来的研究成果，分门别类，汇集成册，集中展现十年来研究会在研究周文化、服务地方发展方面取得的成果。

《历代名人咏岐山》。由政协岐山县委员会编纂，杨智文主编。该书为《岐山县文史资料第十三辑》，按照朝代先后顺序，共收集历代诗文作者歌咏岐山的诗词文章346首（篇），所收录作品，题材多样，内容丰富，是汇集咏岐山诗文最多的一个选本，对于研究和总结岐山悠久的历史和深厚的文化积淀，再现古西岐的历史雄姿和多姿多彩的文化遗存具有重要意义。

《西岐民俗录》。崔思诚、王德省、王克俭主编。该书第一辑收录了岐山婚、丧、生育习俗三篇。从人出生、结婚到死亡整个生命过程和岐山所有的有关习俗和禁忌。从不同方面、角度、层次展现了人的心态和历史不断前进的轨迹。《西岐民俗录》第二辑收录了岐山居住、饮食、服饰、节日、文化娱乐等习俗。《西岐民俗录》第三辑，名曰"增补篇"。主编崔思诚谓："周文化是中华民族优秀传统文化之源；岐山民俗事象是周文化渊源之流在民间的积淀。它深厚、时久、演变性大，含蓄性强，表意性深刻，事事纷呈。抢救、挖掘、整理非一朝一夕之工作，亦非一册所能包容。"他克服身体多病等困难，争分夺秒，夜以继日，加紧编写，通过数年努力，终于完成了"增补篇"《西岐名俗录》（第三辑）编著工作。为抢救这部分文化遗产做出了重要贡献。

《周公演义》。郑鼎文著。陕西出版集团三秦出版社出版，被列入《陈仓文化丛书》（第二辑）。全书依据史料，充分发挥想象力，通俗生动地再现了周公旦由凡人到圣人的成长足迹、心路历程，建立立德和铸造辉煌的桩桩件件，一幕幕故事曲折动人，一个个情节撼人心魄，先周及西周初期的历史风云和民俗民情跃然纸上，具有很强的感染力和教化意义。

《周文化艺术节丛书》。由周文化艺术节丛书编委会编撰，丛书分为《周文化与平安文化》《岐山饮食文化》《畅游岐山》《岐山县非物质文化遗产图录》，展示了岐山厚重的文化底蕴，丰富的人文资源和经济实力。

《岐山臊子面史话》。李明录主编。由陕西出版集团陕西科学技术出版社出版。该书包含三部分内容，一是岐山史话，二是岐山臊子面史话，三是岐山名食和岐山食俗简介，全面系统地阐述了以臊子面为代表的岐山名吃的生产渊源、发展历程及其演化的过程，并对饮食文化的改革发展提供了展望。

《岐山节庆民俗礼仪文化》。傅乃璋、沈德科主编。中国文化出版社出版。该书资料翔实，内容丰富，描写细腻，文字生动，是对岐山古老土地上传统节日民俗滥觞、发展的真实记录，展现了岐山节庆民俗文化的魅力；同时又注重挖掘节庆礼仪其潜在的价值，为弘扬传统文化提供了新视角，为文史资料服务于经济建设和文化建设探索出了新途径。其出版发行，对有效地抢救、传承和保护民俗文化，为提升岐山人文形象，推动岐山乡风文明建设必将起到重要的作用。

《创建中国礼仪文化之乡资料汇编》。政协岐山县委员会编。编委会主任傅乃璋，主编赵智宝。该书从工作回顾、考察评审、授牌仪典、建言献策、媒体宣传、文件选编等6个方面，汇集了岐山县创建"中国礼仪文化之乡"的全部资料，系统反映了岐山创建"中国礼仪文化之乡"工作的全貌和轨迹，详细介绍了公民应具备的文明礼仪和应遵守的行为规范，是全县各级党政干部和职工及群众工作必备的礼仪指南，也是素质教育中不可多得的教材和读本。该书的出版，也不仅仅是提供了一个读本、一份资料，更重要的是倡导文明新风、培育礼仪公民的无声动员，以引导社会各界从自身做起，在全县上下形成学礼仪、讲文明、懂道德、促和谐的良好氛围。

《典说周文化》。《典说周文化》编委会编。王辉主编，刘剑峰、李沛生副主编。西安地图出版社出版。该书主要内容有历史典故、人物典故、民俗典故等。其考证严谨、结构合理、笔法简练、情感丰富。为传承周礼优秀文化、弘扬社会主义核心价值观提供了难得的教材。

《爱我岐周》。郑鼎文编著，中国文化出版社出版。该书以对岐周文化深沉热爱和深入研究为主线，由周原雄风、源头文化、永恒经典、历史名人、古迹名胜、文化地标、寻根探源、亭台楼阁、地名文化、圣地抒情10个部分组成，合计30余万字，通过多角度、全方位的研究和解读，比较全面地反映了博大精深的岐周文化，彰显了圣地周原深厚的历史底蕴、丰富的文化内涵和独特的文化魅力。

《岐山擀面皮溯源与制作工艺》。李明录编著。该书从擀面皮的前世今生、民间传说、制作工艺、品种吃法、发展现状及前景对策方面进行了系统的论述，对擀面皮食品安全的地方标准、县上产业发展的有关文件、发烧友的文章楹联、经营者的精神风貌、岐山传统小吃的食谱名录等等，进行了详尽的搜集整理，可以说是一本岐山擀面皮的百科全书。其书内容丰富、资料翔实，既有历史考证，又有民间传说，为关心支持岐山擀面皮产业发展的社会各界人士奉献了一部文化大餐。

《凤鸣岐山》会刊。岐山周文化研究会主办。已出刊30期，登载文章数千篇，广泛深入地研究和普及了博大精深的周文化，提升了圣地岐山的文化软实力，弘扬了中华民族的优秀传统文化，为县域经济社会发展做出了一定的贡献，也在全省及全国产生了较大的影响。会刊成为岐山本土和更大范围周文化研究挖掘内涵、交流成果、传递信息、弘扬传统的重要阵地和渠道。

十余年间，岐山周文化研究会致力于对外交流工作，和宝鸡炎帝与周秦文化研究会、西安市西周文化研究会、陕西省大雅礼乐文化促进会、河南省周文化研究会、浙江省吴文化研究会、中国先秦史学会等学术团体和社会组织建立了友好关系。

近年岐山县还投巨资编创了大型秦腔历史剧《凤鸣岐山》《甘棠清风》，由陕西省戏曲研究院多次演出。2013年，由宝鸡著名音乐人左东作词谱曲的《岐山是个好地方》歌曲，用原汁原味的岐山地方方言演唱的一首展现岐山风土人情、民俗民风、名吃特产MV音乐作品，诞生后就受到当地群众的追捧和喜爱。2014年，由岐山县委宣传部出品，北京圣田嘉禾文化传媒有限公司拍摄制作的岐山主题微电影《乡味》，由实力演员张曦文担纲制片，知名演员叶山豪领衔出演。影片以"一碗面温暖一座城"为主题，讲述了一位美食编辑在寻找中国传统美食的旅途中，邂逅了外出务工返乡的美食传承人，两人因美食相遇、相识、相知到最后相爱的故事。该剧从侧面反映出岐山周文化特别是礼仪文化的精髓，以及岐山人在新时代的勃勃生机和对于历史传统的传承，该剧在第五届西安国际影像节斩获最佳视效奖。由兰州市政协原副主席、甘肃省作协副主席、兰州市作协主席范文和中国先秦史学会理事、岐山周文化研究会会长、岐山县人大常委会原主任傅乃璋编剧的电影《寻根周原》，于2020年6月开拍，全部取景和拍摄都在岐山完成。经过近两年的后期制作和影片报审等工作，2022年6月27日观映礼在西安万达影城举行。《寻根周原》聚焦挖掘和弘扬岐山悠久的历史文化和深厚的文化底蕴，既有对现实道德守则的解读，又有对传统道德的回归，重点阐发传统文化对人的塑造，是一部感人至深、传播正能量、倡导新风尚的主旋律电影。电影主要反映出生在周原西岐大地的两个亲兄弟丁尚仁、丁尚义的人生经历。通过"一只皮鞋，一个黄挎包"的故事，展示了周礼文化塑造的"忠信守义"与"慎独""忠恕"和"朴实无华"的感恩思想。影片运用穿越时空方式，讲述了三千多年前"凤鸣岐山""断发文身""握发吐哺""甘棠遗爱"等典故，昭示了大哥丁尚仁诚信守义、二哥丁尚义知恩图报的高贵品质，利用实拍与舞台表演相结合的方式，构建了一个新颖独特、勾连时空的故事。电影宣传了周原，宣传了宝鸡，宣传了陕西，提高了周文化的认知力和感召力，同时也更加激励人们要大力弘扬中华优秀传统文化，崇德尚礼，诚信守义，尊贤敬孝，廉洁修身，担当作为，敬业奉献，增强文化自信，培育社会主义核心价值观，为建设文化强国贡献力量的热情和自觉性。

参考文献

[1] 傅乃璋、沈德科主编：《岐山节庆民俗礼仪文化》，中国文化出版社2016年版。

[2] 赵智宝主编：《中国礼仪文化之乡》，陕内资图批字（2015）第CB57号，2015年版。

[3] 张岩松编著：《现代交际礼仪》，中国社会科学出版社2006年版。

[4] 芳园主编：《国学知识一本全》，天津人民出版社2015年版。

[5] 王辉主编：《典说周文化》，西安地图出版社2017年版。

[6] 崔思诚、王德省、王克俭主编：《西岐名俗录》，陕内资图批字(2005)CB045号，2005年版。

[7] 何志虎主编：《周文化丛书·周礼卷》，中国文史出版社2015年版。

[8] 傅乃璋：《传承优秀周礼文化践行核心价值观的做法和启示》，岐山周文化研究会《凤鸣岐山》会刊第19期。

[9] 沈德科：《浅谈古西岐传统节日的文化内涵及其传承》，岐山周文化研究会《凤鸣岐山》会刊第19期。

[10] 郑鼎文：《岐山是中国礼仪文化的发祥地》，赵智宝主编《中国礼仪文化之乡》、《岐山文史资料》第十五辑。

[11] 马庆伟：《浅谈周公制礼作乐的原因及其时代意义》，郑鼎文主编《周文化研究文选》。

[12] 孟建国：《挖掘周文化的永恒价值》，岐山周文化研究会《凤鸣岐山》会刊第22期。

［13］张宗仓：《浅议周公"制礼作乐"》，岐山周文化研究会《凤鸣岐山》会刊第14期。

［14］户晓辉：《周礼文化的当代意义》，赵智宝主编《中国礼仪文化之乡》、《岐山文史资料》第十五辑。

［15］李忠华：《中国传统礼仪文化价值的创造性转化》，燕山大学理学院。

后　记

　　岐山周文化研究会为更好地挖掘周文化的精髓，扩大周文化的影响，展示周文化在岐山践行方面的巨大成就，推动周文化在岐山不断传承与发展，精心编著了这套厚重的《周文化传承丛书》。此壮举足以表明研究会领导是有担当作为的。也无疑表明，周文化和礼俗文化会在岐山及更大范围内进一步发扬光大，会绽放出更为娇艳的花朵，结出更为丰硕的果实。

　　《礼俗卷》由我担纲编著。本卷共七章，对发轫于岐山的礼俗文化探寻了历史渊源，对周文化和礼俗文化中各种礼乐制度、礼仪规范和风俗习惯等作了简述，对礼俗文化在岐山的传承、践行和民俗节庆中的礼俗文化等予以介绍。《礼俗卷》虽则收笔，缺憾不足已槁暴，因礼俗文化广博深邃，要全面反映和精准诠释，本人视野和学识难及。值得欣慰的是，经全力以赴地努力，工作总算如期完成。

　　《周文化传承丛书》编撰不易，然却使命光荣。感谢岐山周文化研究会各位同仁的关怀和指导，感谢相关人士的热情鼓励及家人的积极配合，同时也感谢参考文献的作者们。或因个人疏忽，参考文献可能未全部列入"篇目"，敬请理解包容。因本人能力水平所限，错讹在所难免，恳请方家不吝赐教，万望读者批评指正。

李根旺

2023 年 3 月

跋

2021年10月，我有幸当选为第三届岐山周文化研究会会长，在会员代表大会上，我表态要学习继承前任经验，按照创造性转化、创新性发展的思路，拓宽研究领域，在周文化传承践行上下功夫、做文章，使地方优秀传统文化更好地服务于经济社会发展。按照县委、县政府"做活周文化"战略部署，经过反复讨论，我们提出编撰一套《周文化传承丛书》，涉及《勤廉卷》《德行卷》《诚信卷》《家风卷》《教育卷》《孝道卷》《礼俗卷》《人物卷》共八卷，挖掘整理历史典故和民间故事，垫实基础文化资料，找准主题内容的源头，然后从历代传承入手，理清传承人物和传承故事，包括岐山人的传承践行事迹。要求语句通俗易懂，不穿靴戴帽，成为大众通俗读本和老百姓的"口袋书"。思路理清后，我们召开周文化研究会常务理事扩大会议，反复修改讨论，广泛征求意见。同时，征求了宫长为、孟建国、范文、霍彦儒、王恭等专家学者的意见和建议，并与杨慧敏、郑鼎文、刘剑峰同志反复沟通协商，提出编撰大纲。再次召开周文化常务理事扩大会议，进行讨论修改，落实撰写人员，明确分工任务，确定完成时限。随后，我向县委书记杨鹏程、县长张军辉分别汇报，得到了领导的肯定和支持，要求抓紧编撰，打造周文化传承精品工程。

　　《周文化传承丛书》八卷本大纲确定之后，各位撰稿人踊跃积极撰写，主动走访座谈，广泛搜集资料。年逾古稀的老会长郑鼎文先生冒着酷暑，坚持每天撰写在10小时以上。刘剑峰同志为了搜集孝道方面的内容，翻阅了大量文史资料，走访了多名文化人士，当他搜集到历代岐山人传承孝道的感人故事时，流下了热泪，为岐山人传承孝道而感动。青年作者马庆伟同志，承担着《德行卷》和《诚信卷》两大编撰任务，他白天忙于机关工作，利用晚上和休息日加班撰写，有时写到天亮，家属多次催他休息，他趴在桌子上打个盹又继续写作。每位编撰人员认真勤奋刻苦敬业的编撰故事，件件令人感动，催人奋进！有的作者风趣地说，《周文化丛书》人称"周八卷"，我们现在编撰的是"新八卷"，新八卷是《周文化丛书》的继承和发展。编委会要求高质量完成编撰任务，既要体现周文化的博大精深，又要传承发扬光大，从而使周文化深深扎根于读者的心坎里！

　　《周文化传承丛书》的编撰发行，离不开各级党政组织和社会各界的大力支持与厚爱。宝鸡市社科联周文化资深学者王恭先生，担任本丛书编辑和统稿工作，从2022年10月开始，王恭先生对送来的丛书初稿，按照体例要求，逐字逐句推敲，认真仔细修改，为丛书出版做出了贡献！中国先秦史学会会长宫长为先生对丛书编撰给予精心指导，并为本丛书作序，对丛书给予充分肯定，鼓励要求我们大力挖掘周文化资源，花大力气传承周礼优秀文化，使周文化彰显璀璨魅力。县人大常委会主任王辉，县政协主席刘玉广对丛书编撰出版工作给予大力支持、精心指导。县委常委、宣传部部长王武军对丛书编撰工作高度重视，要求高质量完成编撰任务。县文化和旅游局局长杨慧敏在丛书编撰过程中，从历史典故、历代传承到现代传承提出了意见和建议，对丛书出版予以精心指导。在出版社审稿期间，马庆伟同志对书稿又进行认真核校，并与出版社衔接沟通，精益求精，力求做到万无一失。

由于丛书编撰时间紧迫，内容还缺乏系统性和完整性，词汇和语句有许多不足和缺陷，有些典故和传承故事难免出现重复，望广大读者给予指导雅正，以便更进一步做好编撰工作。

岐山周文化研究会会长　傅乃璋

2023年12月